数智引领

姜 鑫 著

传统制造业绿色转型的实践与探索

山西出版传媒集团
山西经济出版社

图书在版编目（CIP）数据

数智引领：传统制造业绿色转型的实践与探索 / 姜鑫著. -- 太原：山西经济出版社，2025.7. -- ISBN 978-7-5577-1533-5

Ⅰ. F426.4

中国国家版本馆 CIP 数据核字第 2025G87E45 号

数智引领：传统制造业绿色转型的实践与探索
SHUZHI YINLING: CHUANTONG ZHIZAOYE LÜSE ZHUANXING DE SHIJIAN YU TANSUO

著　　者：	姜　鑫
责任编辑：	郭正卿
装帧设计：	中北传媒
出 版 者：	山西出版传媒集团·山西经济出版社
地　　址：	太原市建设南路 21 号
邮　　编：	030012
电　　话：	0351-4922133（市场部）
	0351-4922085（总编部）
E-mail：	scb@sxjjcb.com
	zbs@sxjjcb.com
经 销 者：	山西出版传媒集团·山西经济出版社
承 印 者：	三河市龙大印装有限公司
开　　本：	710mm×1000mm　1/16
印　　张：	13.5
字　　数：	195 千字
版　　次：	2025 年 7 月　第 1 版
印　　次：	2025 年 7 月　第 1 次印刷
书　　号：	ISBN 978-7-5577-1533-5
定　　价：	85.00 元

版权所有，翻印必究；如有印装问题，负责调换

前　言

在 21 世纪的全球工业体系中，传统制造业作为国民经济的基石，正面临着前所未有的挑战与机遇。随着资源约束的加剧、环境压力的增大，以及消费者环保意识的提升，绿色转型已成为传统制造业的发展趋势。然而，如何在保持经济增长的同时，实现环境的友好和可持续发展，成为传统制造业亟待解决的核心问题。

近年来，数智化技术的迅猛发展，为传统制造业的绿色转型提供了强大的驱动力。物联网、大数据、人工智能、云计算等先进技术的广泛应用，不仅进一步优化了生产流程，提高了资源利用效率，同时还推动了产品设计的绿色化、生产过程的智能化，以及供应链管理的透明化。这使得数智化技术正逐步成为传统制造业转型升级的关键支撑。

本书通过理论分析、实践案例和未来展望，全面梳理了数智化技术如何助力传统制造业绿色转型。在内容编排上，本书首先阐述了数智化技术与传统制造业绿色转型的基本概念与内涵，明确了数智化技术在绿色转型中的关键作用。接着，通过多个行业的实际案例，展示了数智化技术如何在实际应用中推动传统制造业的绿色转型。同时，对传统制造业绿色转型的效益进行了评估，从环境效益、经济效益和社会效益三个维度，全面分析了数智化技术带来的积极影响。此外，探讨了传统制造业绿色转型过程中面临的挑战，并提出了应对策略与建议。

笔者希望通过本书，能够激发更多传统制造业企业重视绿色转型，推动数智化技术在制造业领域的广泛应用与深入融合。同时，笔者期待本书能够为政策制定者、科研机构以及广大读者提供有益的参考与启示，共同为推动传统制造业向更加绿色、智能、可持续的方向发展贡献力量。

笔者感谢学校及亲朋好友的支持，感谢出版单位的相关编辑，以及为此书默默奉献的各位朋友。因为时间仓促，书中难免存在不足之处，还望各位读者和业界人士多提宝贵意见，后期一定加以改正。

姜 鑫

2025 年 3 月

目 录

第一章 导 论 **001**

 第一节 研究背景 001

 第二节 研究目的与范围 011

第二章 数智化与传统制造业的绿色转型 **016**

 第一节 数智化的定义与性质 016

 第二节 数智化背景下传统制造业绿色转型需求 023

 第三节 数智化与传统制造业的融合发展趋势 037

第三章 数智化技术在传统制造业中的应用 **044**

 第一节 物联网在传统制造业中的应用 044

 第二节 大数据分析在传统制造业中的作用 048

 第三节 人工智能在传统制造业中的应用 055

 第四节 云计算与边缘计算在传统制造业中的应用 059

第四章 传统制造业绿色转型的案例分析 ... 073

第一节 纺织行业以数智化驱动的绿色生产实践 ... 073

第二节 机械制造业数智化转型的节能减排效果 ... 084

第三节 食品加工行业数智化提升的资源利用效率 ... 095

第四节 其他传统制造业数智化赋能的绿色转型 ... 106

第五章 传统制造业绿色转型的挑战与对策 ... 119

第一节 技术挑战：数智化技术的选型与集成 ... 119

第二节 人才挑战：技能转型与团队培养 ... 125

第三节 政策与市场挑战：法规遵循与市场接受度 ... 133

第六章 数智化引领下的绿色制造模式 ... 141

第一节 绿色设计：数智化工具在产品设计中的应用 ... 143

第二节 绿色生产：智能工厂与精益生产的融合 ... 150

第三节 绿色供应链：数智化技术在供应链管理中的优化 ... 157

第四节 绿色服务：数智化平台在服务中的创新 ... 161

第五节 传统制造业绿色转型的效益评估与可持续发展路径 ... 164

第七章 数智化引领传统制造业的未来趋势与展望 ... 182

第一节 数智化技术的最新发展趋势 ... 182

第二节 传统制造业绿色转型的长期目标 ... 188

第三节 数智化与绿色转型的深度融合与未来机遇 ... 193

第四节 结论与展望 ... 198

参考文献 ... 200

第一章 导 论

在全球气候变化和资源环境约束日益加剧的背景下,传统制造业作为能源消耗与环境污染的主要源头之一,其绿色转型已成为各国政府、企业及学术界共同关注的焦点,是我国可持续发展战略的重要组成部分。数智技术的快速发展,为传统制造业的绿色转型提供了新的机遇和挑战。本书旨在深入分析数智技术如何助力传统制造业实现绿色转型,探讨转型过程中的关键要素、面临的挑战及应对策略。

第一节 研究背景

一、全球气候变化与资源枯竭的紧迫性

(一)全球气候变化

回望历史长河,工业革命的浪潮将人类从农耕时代推向了机械化、自动化的新时代。蒸汽机的发明、电力的广泛应用、信息技术的飞速发展,无一不彰显着人类智慧。然而,在这辉煌成就的背后,隐藏着对地球生态系统的巨大威胁。大量的资源开采,如同贪婪的巨兽,不断吞噬着地球的宝贵财富。煤炭、石油、天然气等化石能源的消耗,加剧了地球资源的枯竭。与此同时,环境污染问题日益凸显。工业废水、废气、废渣的排放,如同无形的杀手,悄无声息地侵蚀着地球的生态环境,使得河流不再清澈、空气不再清新、土壤不再肥沃。这些污染物不仅破坏了地球的自然环境,

更对人类的健康构成了严重威胁。

近年来，全球气候变化导致的极端天气事件，成为不可忽视的现象。从飓风、洪水到干旱、热浪，极端天气事件的频发、海平面的上升、冰川的融化等，无一不在警示我们，全球气候变化已从抽象的理论预测转化为具体且紧迫的现实危机。例如，2020年的澳大利亚大火，不仅烧毁了数百万公顷的森林，还导致了大量野生动物的死亡，生态平衡被严重破坏；2021年的中国河南暴雨，造成了严重的城市内涝和人员伤亡；2025年美国洛杉矶山火更是造成了不可估量的损失。以上事例均凸显了极端气候变化对人类社会的深远影响。

1. 海平面上升的威胁

全球变暖所带来的影响是多方面的，其中一个特别严重的后果就是海平面上升。这一现象主要是由于全球气温的持续升高导致冰川加速融化，以及海水因温度上升而发生的热膨胀效应。这两种因素共同作用，使得海平面正以一种令人担忧的速度不断上升。这种上升不仅对沿海城市和岛屿国家构成了直接的生存威胁，还可能引发一系列连锁反应，比如盐水入侵淡水系统。这样的入侵会严重影响农业灌溉的水源质量，进而对粮食生产造成威胁，同时也会对人们的饮用水安全带来潜在风险。根据国际权威机构的科学预测，如果全球变暖的趋势得不到有效遏制，继续以当前的速度发展下去，一些地势较低的地区和国家将面临被海水淹没的严峻局面，甚至可能完全消失在海洋之中。

2. 生态系统的退化

全球气候变化所带来的影响是深远而广泛的，它不仅影响了人类社会，还对自然生态系统造成了不可逆转的损害。随着全球气温的持续升高以及降水模式的显著改变，许多物种的自然栖息地遭受到了前所未有的破坏。这种破坏导致了生物多样性的急剧下降，许多珍稀物种面临灭绝的危险。生态系统的退化不仅影响了物种的生存状态，还破坏了自然界中至关重要的物质循环和能量流动过程，这些过程对于维持地球生态平衡至关重要。进一步而言,生态系统的退化对人类的生存环境和经济发展产生了直接和间接的负面影响。例如,亚马逊热带雨林,这片被誉为地球之肺的广袤森林,其砍伐和退化现象日益严重,这不仅减少了它吸收二氧化碳和释放氧气的功能,还加剧了全球变暖的速度,从而形成了一个恶性循环。因此,全球气候变化和生态系统的退化是当前人类面临的紧迫问题,需要全球性的合作来解决。

(二)资源枯竭的紧迫性

在当今全球经济发展的大潮中,传统制造业作为国民经济的支柱产业,其转型与升级已成为推动经济社会高质量发展的重要引擎。然而,传统制造业在长期的发展过程中,也积累了一系列问题,如资源消耗大、环境污染严重、生产效率低下等,这些问题不仅制约了行业的可持续发展,也对生态环境造成了巨大压力。为了应对这些挑战,各国政府和企业都在积极探索和实践新的发展路径,比如,通过引入智能制造技术、优化供应链管理、提高产品附加值等方式,实现传统制造业的绿色转型和智能化升级。这些努力不仅有助于缓解资源和环境的压力,还能提升企业的竞争力,为经济的可持续发展注入活力。

1.淡水资源的危机

水是生命之源,但全球淡水资源面临严重危机。全球淡水资源并不丰富,约有 1/4 的人口缺少洁净的饮用水,全球淡水量严重不足。[1] 随着资源的过度开发、环境的污染、生态的破坏,当今世界已经进入一个水资源短缺的时代。农业灌溉中的水资源浪费、工业废水排放等问题,进一步加剧了淡水资源的短缺。城市化进程的加速也导致了淡水需求的急剧增加。城市人口密集,生活和工业用水需求量大,而城市水资源的供给往往依赖于远距离的调水工程或地下水开采,这不仅增加了水资源的成本,也对生态

---

[1] 江西省商务学校.【世界水日】水——生命之源,万物之本[EB/OL].(2019-03-22)[2025-04-01].https://mp.weixin.qq.com/s/_1lGmjP7MIj4FPMCgHljEw.

环境造成了新的压力。

2.化石能源的历史地位与挑战

自从工业革命的浪潮席卷全球以来，化石能源，包括煤炭、石油及天然气等，一直扮演着人类能源消费中不可或缺的角色。这些能源为人类社会的工业化进程和现代化发展提供了强大动力，它们的使用极大地推动了经济的飞速增长和技术的革新。然而，化石能源的广泛使用也带来了许多严重的环境问题。特别是在燃烧化石能源的过程中，会产生大量的二氧化碳和其他温室气体，这些气体的排放显著地加速了全球气候变暖的趋势，对地球的生态系统和人类的生存环境造成了深远的影响。尽管在当前，可再生能源技术，例如，太阳能、风能、水能等，正在经历着前所未有的快速发展，并且在某些地区和领域已经开始逐步替代化石能源，但不可否认的是，在全球能源消费的总体格局中，化石能源仍然占据着主导地位，其在未来一段时间内仍是能源结构中的重要组成部分。

3.温室气体排放的严峻形势

据国际能源署报告，2020年全球二氧化碳排放量为319.8亿吨的历史高位，尽管受到新冠疫情的影响有所下降，但总体趋势依然严峻。[1]化石能源的过度消耗是导致温室气体排放增加的主要原因。随着全球经济的复苏和人口的增长，这一趋势可能会继续加剧。如果不采取有效措施减少温室气体排放，全球平均气温的升高将超过《巴黎协定》设定的1.5℃临界值，引发更严重的生态危机。[2]

---

[1] 智研咨询.2020年全球二氧化碳排放情况分析：全球二氧化碳排放量为319.8亿吨，中国二氧化碳排放量全球排名第一［EB/OL］.（2021-08-03）［2025-04-01］.https://www.chyxx.com/industry/202108/966523.html.

[2] 中国绿发会.IPCC-WG Ⅲ最新报告中的6大启示：减缓气候变化路在何方 | 绿会国际讯［EB/OL］.（2022-07-28）［2025-04-01］.https://baijiahao.baidu.com/s?id=1739580183660592750&wfr=spider&for=pc.

4.传统制造业的资源利用率低下

在当今全球经济体系中,传统制造业扮演着至关重要的角色,然而,一个令人担忧的现象是,这些行业在资源利用方面的效率普遍低于50%。这一数据揭示了一个严峻的问题:在生产过程中,大量的原材料被白白浪费,这不仅导致了生产成本的显著增加,而且对能源、土地和水资源的可持续利用构成了巨大威胁。随着全球化的不断推进和工业化的深入发展,传统制造业的资源消耗问题变得越来越严重,成为一个不容忽视的全球性挑战。如果不采取有效的措施来改变现有的生产模式,我们可能会面临资源枯竭的危机,而这一趋势一旦形成,将是一个难以逆转的灾难。

5.资源枯竭对经济和社会的影响

资源枯竭对经济和社会的影响是深远的。一方面,资源的短缺将不可避免地推高生产成本,这不仅会降低企业的竞争力,还可能导致工作岗位的减少和经济衰退。另一方面,资源的争夺可能引发国际冲突,加剧地区动荡,甚至可能威胁全球的和平与稳定。此外,资源枯竭还将对人类的生活质量产生重大影响,例如,能源短缺可能导致电力供应不足,这不仅会影响居民的日常生活,还会对工业生产造成严重干扰;水资源短缺可能导致饮用水危机,威胁公共健康,并且可能引起农业减产,影响食品安全和粮食供应。因此,解决资源枯竭问题已成为全球共同面临的紧迫任务,需要国际社会共同努力,通过科技创新、合理利用资源和可持续发展策略来应对这一挑战。

二、国内政策的发展

我国在数智化技术和绿色转型领域的研究与实践呈现出蓬勃发展的态势。在政府层面,我国政府已经出台了一系列政策措施,旨在鼓励和支持企业加强数智化技术的研发与应用,同时推动制造业的绿色转型。这些政策不仅为相关产业的发展提供了有力的政策保障,也激发了学术界对这一领域的研究热情。在学术层面,我国学者已经开展了大量关于数智化技术在制造业绿色转型中的应用研究。他们深入探讨了数智化技术在实际应用中的前景，以及面临的挑战和问题。这些研究不仅为我国制造业的绿色转型提供了理论支撑，也为未来的实践探索指明了方向。与国外相比，我国在数智化技术和绿色转型领域的研究与实践仍存在一定的差距。尽管已经取得了一定的成果，但无论是在理论研究的深度，还是在实践应用的广度上，都需要进一步加强。未来，我国应继续加大在这一领域的投入，加强与国际的交流与合作，推动我国制造业的绿色转型走向深入。

（一）我国"双碳"目标下制造业政策要求

工业是产生碳排放的主要领域之一，对全国整体实现碳达峰具有重要影响。工业领域要加快绿色低碳转型和高质量发展，力争率先实现碳达峰。2021年10月，国务院发布了《关于印发2030年前碳达峰行动方案的通知》（国发〔2021〕23号），以习近平新时代中国特色社会主义思想为指导，优化产业结构，加快退出落后产能，大力发展战略性新兴产业，加快传统产业绿色低碳改造。促进工业能源消费低碳化，推动化石能源清洁高效利用，提高可再生能源应用比重，加强电力需求侧管理，提升工业电气化水平。深入实施绿色制造工程，大力推行绿色设计，完善绿色制造体系，建设绿色工厂和绿色工业园区。推进工业领域数字化智能化绿色化融合发展，加强重点行业和领域技术改造。坚持"全国统筹、节约优先、双轮驱动、内外畅通、防范风险"的总方针，有力有序有效做好碳达峰工作，明确各地区、各领域、各行业目标任务，加快实现生产生活方式绿色变革，推动经济社会发展建立在资源高效利用和绿色低碳发展的基础之上，确保如期实现2030年前碳达峰目标。[①]2022年8月，科技部、国家发展改革委、工信部等九部门印发了《科技支撑碳达峰碳中和实施方案（2022—2030年）》，提出支撑2030年前实现碳达峰目标的科技创新行动和保障举措，为

---

① 国务院.国务院关于印发2030年前碳达峰行动方案的通知［EB/OL］.（2021-10-26）［2025-03-13］.https://www.gov.cn/zhengce/content/2021-10/26/content_5644984.htm.

2060 年前实现碳中和目标做好技术研发储备。①

（二）我国传统制造业绿色化、数字化转型的政策回顾

2023 年 12 月，工业和信息化部等八部门发布的《关于加快传统制造业转型升级的指导意见》（工信部联规〔2023〕258 号）指出，党的十八大以来，在以习近平同志为核心的党中央坚强领导下，我国制造业已形成了世界规模最大、门类最齐全、体系最完整、国际竞争力较强的发展优势，成为科技成果转化的重要载体、吸纳就业的重要渠道、创造税收的重要来源、开展国际贸易的重要领域，为有效应对外部打压、世纪疫情冲击等提供了有力支撑，为促进经济稳定增长作出了重要贡献。石化化工、钢铁、有色、建材、机械、汽车、轻工、纺织等传统制造业增加值占全部制造业的比重近 80%，是支撑国民经济发展和满足人民生活需要的重要基础。与此同时，我国传统制造业"大而不强""全而不精"问题仍然突出，低端供给过剩和高端供给不足并存，创新能力不强、产业基础不牢，资源约束趋紧、要素成本上升，巩固提升竞争优势面临较大挑战，需加快推动质量变革、效率变革、动力变革，实现转型升级。

加快传统制造业转型升级要以习近平新时代中国特色社会主义思想为指导，深入贯彻党的二十大精神，落实全国新型工业化推进大会部署，坚持稳中求进工作总基调，完整、准确、全面贯彻新发展理念，加快构建新发展格局，统筹发展和安全，坚持市场主导、政府引导，坚持创新驱动、系统推进，坚持先立后破、有保有压，实施制造业技术改造升级工程，加快设备更新、工艺升级、数字赋能、管理创新，推动传统制造业向高端化、智能化、绿色化、融合化方向转型，提升发展质量和效益，加快实现高质量发展。到 2027 年，传统制造业高端化、智能化、绿色化、融合化发展水平明显提升，有效支撑制造业比重保持基本稳定，在全球产业分工中的地位和竞争力进一步巩固增强。工业企业数字化研发设计工具普及率、关键

---

① 中华人民共和国科学技术部.科技部等九部门关于印发《科技支撑碳达峰碳中和实施方案（2022—2030 年）》的通知［EB/OL］.（2023-12-28）［2025-03-04］.https://www.most.gov.cn/xxgk/xinxifenlei/fdzdgknr/qtwj/qtwj2022/202203/t20220817_181986.html.

工序数控化率分别超过90%、70%，工业能耗强度和二氧化碳排放强度持续下降，万元工业增加值用水量较2023年下降13%左右，大宗工业固体废物综合利用率超过57%。①

2024年2月，工业和信息化部等七部门发布了《关于加快推动制造业绿色化发展的指导意见》（工信部联节〔2024〕26号）（简称《意见》），以习近平新时代中国特色社会主义思想为指导，深入贯彻落实党的二十大精神，立足新发展阶段，完整、准确、全面贯彻新发展理念，加快构建新发展格局，着力推动高质量发展，以实现碳达峰碳中和目标为引领，改造升级传统产业，巩固提升优势产业，加快推动新兴产业绿色高起点发展，前瞻布局绿色低碳领域未来产业，培育绿色化数字化服务化融合发展新业态，建立健全支撑制造业绿色发展的技术、政策、标准、标杆培育体系，推动产业结构高端化、能源消费低碳化、资源利用循环化、生产过程清洁化、制造流程数字化、产品供给绿色化等全方位转型，构建绿色增长新引擎，锻造绿色竞争新优势，擦亮新型工业化生态底色。②

2025年3月5日，在第十四届全国人民代表大会第三次会议上，李强总理在《政府工作报告》中提出，"要推动传统产业改造提升。加快制造业重点产业链高质量发展，强化产业基础再造和重大技术装备攻关。进一步扩范围、降门槛，深入实施制造业重大技术改造升级和大规模设备更新工程。加快制造业数字化转型，培育一批既懂行业又懂数字化的服务商，加大对中小企业数字化转型的支持。开展标准提升引领传统产业优化升级行动。深入推进制造业'增品种、提品质、创品牌'工作，加强全面质量管理，打造名品精品、经典产业"。③

---

① 中国政府网.工业和信息化部等八部门关于加快传统制造业转型升级的指导意见［EB/OL］.（2023-12-28）［2025-03-04］.https://www.gov.cn/zhengce/zhengceku/202312/content_6923270.htm.
② 中国政府网.工业和信息化部等七部门关于加快推动制造业绿色化发展的指导意见［EB/OL］.（2024-02-05）［2025-03-04］.https://www.gov.cn/zhengce/zhengceku/202403/content_6935684.htm.
③ 中国政府网.政府工作报告［EB/OL］.（2025-03-12）［2025-03-13］.https://www.gov.cn/yaowen/liebiao/202503/content_7013163.htm.

三、国外政策与制度创新

在国际制度方面,欧盟的碳关税政策对中国制造业的出口产生了一定的影响。欧盟碳关税旨在对进口产品的碳排放进行征税,促使其他国家的企业提高产品的绿色化水平。2022 年 12 月 13 日,欧盟理事会和欧洲议会经过第四次三方协商就欧盟碳边境调节机制(Carbon Border Adjustment Mechanism,简称 CBAM)将于 2026 年全面起征,覆盖范围包括钢铁、铝、水泥、化肥、电力以及氢能等行业。[①] 各国通过强化减排目标与碳关税机制加速产业低碳转型。

在探讨全球范围内一些发达国家的工业化历程时,我们可以发现它们都拥有悠久的历史,并且这些国家在发展过程中都不可避免地经历了从传统制造业向更先进制造业转型的阶段。本部分将重点聚焦于美国,美国不仅在工业化方面有着丰富的历史经验,而且在制造业的发展上也积累了诸多值得学习的有效做法。通过深入分析和梳理美国在制造业发展中的成功经验,旨在为我国传统制造业的转型升级提供有益的参考和借鉴,以期帮助我国的传统制造业能够更加顺利地实现向现代化的转变。

美国通过技术周期优化制造业产业结构,保持在先进制造业产业链上的主导力。一方面,美国遵循技术周期规律,不断降低"夕阳产业"产能,从而为先进制造业发展提供空间。第二次世界大战结束后,美国提出"马歇尔计划",将过剩产能向东亚和欧洲等地区转移。以纺织产业为例,美国向日本企业贷款并要求其购买美国的纺织机,将高污染、劳动力成本较高的纺织业转向日本并获得贸易收益,从而降低传统产业、低端产业的国内产能占比。随着日本逐步实现财富积累,开始对纺织机进行自主研发,美国便锁定其中的核心零部件,如高端机床等。当日本开始在核心零部件方

---

① 中华人民共和国商务部 WTO FTA 咨询网.欧盟碳边境调节机制对我国的影响及应对策略[EB/OL].(2025-02-06)[2025-03-06].http://chinawto.mofcom.gov.cn/article/br/bs/202411/20241103544383.shtml.

面有所突破时，美国早已在终端市场形成了品牌化，并开始了新一轮技术周期，制造业产业结构也得到了升级。另一方面，美国重视技术周期中的上升部分，改造和升级传统制造业，同时加快发展新兴产业和先进制造业。遵循"美国→发达国家→新型工业化国家→发展中国家"的技术跨国传导顺序，美国在将落后产能转出的同时，完成了资本积累和新技术研发，以引领新一轮"技术周期"。因此，美国在诸多制造业领域长期拥有基于高精尖技术的产业链主导力。2022年，美国推出《国家先进制造业战略》，提出两个关键目标：一是"引领智能制造的未来"，主要目标是大力推进"数字化制造"与"智能化制造"。二是"加强供应链的相互联系"，主要着力于推进供应链数字化转型创新，实现关键部门的生产全链路数字化高速联通。两个目标既包括借助新兴技术来改造升级现有制造业，也包括直接推动战略性新兴产业发展。①

在数智化技术和绿色转型的探索上，国外的实践显示出其深厚的底蕴和前瞻性。其研究不仅起步早，且已经构建了相对完善的理论体系，并在实际应用中积累了丰富的经验。众多国外学者纷纷指出，数智化技术，特别是融合了大数据、云计算和人工智能等尖端科技的技术，正成为推动制造业绿色变革的关键力量。例如，在生产流程的优化上，数智化技术能够通过精确的数据分析，实现资源的更高效利用，进而降低生产过程中的能耗和废弃物排放，提升制造业整体的环保水平。国外企业在数智化技术的实际应用方面也展现出了积极的态势。他们通过建设高度自动化的智能工厂，不仅实现了生产过程的智能化管理，还利用大数据分析技术优化了供应链管理，从而大幅提高了生产效率。这些举措不仅为企业带来了显著的经济效益，也推动了制造业向更加绿色、低碳和高效的方向发展。

---

① 吕越. 加快传统制造业转型升级的策略［J］. 人民论坛，2024（10）：92-96.

四、数智化与绿色化协同发展的战略价值

数智化与绿色化协同发展具有重要的战略价值。在技术层面，大数据、物联网、人工智能等数字技术与绿色技术的融合，能够实现对生产过程的精准监测和优化，提高资源利用效率，降低能源消耗和环境污染。例如，通过智能监测系统可以实时掌握生产设备的运行状态和能源消耗情况，及时调整生产参数，实现节能减排。在产业层面，数智化与绿色化协同发展有助于推动产业结构优化升级，培育新兴产业和新的经济增长点。传统制造业通过数智化和绿色化改造，可以提升产品质量和附加值，增强市场竞争力。同时，新兴的绿色产业如清洁能源、循环经济等也将得到快速发展，形成新的产业生态。在国际竞争格局中，数智化与绿色化协同发展是提升国家制造业竞争力的关键。随着全球对环境保护和可持续发展的重视程度不断提高，绿色产品和服务将成为未来市场的主流。中国制造业通过数智化与绿色化协同转型，能够更好地适应国际市场的需求，突破贸易壁垒，提升在全球价值链中的地位。

第二节　研究目的与范围

一、研究目的

数智化技术推动传统制造业绿色转型的路径与策略研究，主要关注点在于深入分析数智化技术在传统制造业中的深度应用及其对绿色转型的积极推动作用。本书将从多个维度详细探讨数智化技术的实际应用情况，包括其在制造业中所展现的技术特性、具体应用场景，以及由此带来的实际成效。研究将着重于数智化技术如何帮助制造业实现节能减排、提高资源利用效率、降低生产成本，并促进产品创新和市场竞争力的提升。同时，本书还将探讨数智化技术在制造业中的应用所面临的挑战和限制，以及如

何通过政策引导、技术创新和管理优化等策略来克服这些挑战,推动传统制造业向更加绿色、高效、智能化的方向发展。

(一)探讨数智化技术如何助力传统制造业实现绿色转型

在当今时代,数智化与绿色化协同转型已成为传统制造业发展的必然趋势。其内在逻辑在于,数智化技术能够为绿色转型提供强大的技术支撑和数据驱动。通过大数据、人工智能等技术,企业可以实现生产过程的精准控制和优化,从而减少资源浪费和环境污染。

从政策导向来看,政府出台了一系列鼓励传统制造业绿色转型的政策,如节能减排补贴、绿色制造标准等。这些政策为企业提供了明确的发展方向和动力,促使企业加快数智化与绿色化的融合。同时,产业升级需求也推动着企业进行转型。随着市场竞争的加剧,消费者对产品的环保性能和质量要求越来越高,传统制造业必须通过数智化技术提升自身的竞争力,实现绿色发展。数智化技术与绿色转型的融合机理在于,通过传感器、物联网等技术,企业可以实时监测生产过程中的各项数据,如能源消耗、污染物排放等。然后,利用数据分析和人工智能算法,对这些数据进行深度挖掘和分析,找出生产过程中的问题和优化点。通过优化生产流程、调整设备参数等方式,实现节能减排和资源高效利用。这种转型不仅是企业应对政策和市场压力的必然选择,也是实现可持续发展的关键举措。

(二)聚焦数智化技术在制造业中的应用场景及实际效果

智能生产控制是数智化技术在制造业中的核心应用场景之一。通过引入自动化生产线、工业机器人等设备,结合先进的控制系统和算法,实现生产过程的自动化和智能化。例如,利用机器视觉技术对产品进行实时检测和质量控制,能够及时发现产品缺陷并进行调整,提高产品质量和生产效率。同时,智能生产控制还可以实现生产计划的自动排程和调度,根据订单需求和设备状态合理安排生产任务,减少生产周期和库存积压。能源管理优化也是数智化技术的重要应用场景。通过安装能源监测设备，实时采集能源消耗数据，并利用数据分析和预测模型，对能源消耗进行精准管理和优化。例如，根据生产计划和设备运行状态，合理调整能源供应，实现能源的高效利用。此外，还可以通过智能控制系统对能源设备进行远程监控和调节，及时发现和解决能源浪费问题。

在技术工具方面，常见的有工业互联网平台、大数据分析软件、人工智能算法等。这些技术工具为数智化技术的应用提供了有力支持。从技术落地路径来看，企业首先需要进行数字化改造，建立完善的信息系统和数据采集网络。然后，引入先进的数智化技术和工具，对生产过程进行优化和升级。最后，通过持续的数据分析和改进，不断提升数智化应用的效果。例如，在量化成效方面，可使生产效率提高30%以上，产品次品率降低20%左右[①]，有效降低企业的生产成本，提升企业的经济效益和环境效益。

二、研究范围

不同的传统制造行业在数智化转型过程中具有各自的特征。纺织行业对生产环境和产品质量要求较高，转型重点在于提高生产自动化水平和产品质量追溯能力；机械制造行业更注重设备的智能化升级和生产过程的协同优化；食品加工行业则强调食品安全保障和个性化定制生产。这些行业的共性需求在于提高生产效率、降低成本、提升产品质量和实现绿色可持续发展。然而，由于行业特点不同，其转型路径也存在差异。纺织行业可以通过建设智能化纺纱车间、优化供应链协同等方式实现转型；机械制造行业可以推进智能工厂建设、发展矿山无人驾驶系统等；食品加工行业则可以加强智能检测与过程控制、创新冷链仓储与绿色包装技术等。在案例选取方面，笔者遵循具有代表性、创新性和可借鉴性的标准。研究边界主要聚焦于传统制造业的数智化转型过程，包括技术应用、管理创新、政策支持等方面，旨在为不同行业的转型提供有益的参考和借鉴。

---

① 红蓝私董会.人才引领产业 AI 化：宏观经济视域下的创新驱动与转型赋能［EB/OL］.（2025-01-01）［2025-03-06］.https://baijiahao.baidu.com/s?id=18199725583248l1723&wfr=spider&for=pc.

本书将从以下几个方面展开。

（1）数智技术的范畴。这部分内容将深入分析包括但不限于大数据、云计算、人工智能、物联网、区块链等新兴技术在制造业中的应用情况。同时，本书还将探讨这些技术如何共同构成数智化的核心支撑体系，以及它们在推动制造业转型升级中的关键作用。

（2）传统制造业的界定。在这一部分，笔者将重点界定那些以加工、制造为主要业务的行业，并分析这些行业在生产过程中对环境可能产生的影响。特别关注的行业包括钢铁、化工、纺织等，这些行业在传统意义上被认为是传统制造业的代表。

（3）绿色转型。本部分将全面阐释绿色转型的多维度内容，包括节能减排、资源循环利用、清洁生产、生态设计等方面。这些方面共同构成了制造业实现可持续发展的关键路径，旨在推动制造业向更加环保、高效的方向发展。

（4）实践案例的选取。本书将选取国内外在数智技术引领下成功实现绿色转型的企业或地区作为实践案例进行深入分析。通过研究这些案例，本书旨在提炼它们的成功经验，并探讨这些经验的可复制性，为其他企业提供参考。

（5）时间跨度。鉴于技术的快速进步和政策的不断调整，本书将基于近年来的最新数据和研究成果进行深入分析。这样做是为了确保研究内容的时效性和准确性，以便为读者提供最前沿的行业洞察。

三、预期成果

本书致力于探索数智化技术如何有效推动传统制造业实现绿色转型，并预期取得以下几方面的成果。

首先，本书将系统梳理数智化技术与绿色转型的内在联系，构建一个全面、深入的数智化技术推动传统制造业绿色转型的路径与策略体系。这一体系将不仅为政府相关部门制定针对性政策提供科学依据，同时也将为企业实践提供有力支撑，引导传统制造业在转型升级过程中实现经济效益与生态效益的双提升。

其次，本书将通过深入的案例分析和实证研究，揭示数智化技术在具体企业绿色转型实践中的应用场景与成效。这些案例将涵盖不同行业、不同规模的企业，旨在展示数智化技术在推动绿色转型方面的广泛适用性和巨大潜力。通过这些案例，笔者期望能够为其他正在或准备进行绿色转型的企业提供可借鉴的经验和模式，助力其更加高效地实现转型升级目标。

最后，本书将致力于搭建学术界与产业界之间的桥梁，推动双方在数智化技术和绿色转型领域的深入交流与合作。我们相信，通过学术界的前沿理论研究和产业界的实践经验分享，将能够共同推动数智化技术与绿色转型的融合发展，为传统制造业的转型升级注入新的活力和动力。

综上所述，本书期望能够产生深远的社会影响。通过对数智化技术推动传统制造业绿色转型的深入研究和广泛宣传，我们将努力提升全社会对绿色发展理念的认同度和参与度，推动形成更加绿色、低碳、高效的生产方式和生活方式。这不仅有助于实现经济社会的可持续发展，也将为应对全球气候变化等全球性挑战贡献中国智慧和力量。

第二章　数智化与传统制造业的绿色转型

在 21 世纪这个科技高速发展的时代，全球环境问题变得越来越严重，这使得传统制造业遭遇了前所未有的挑战，同时也迎来了新的机遇。数智化，也就是数字化与智能化的有机结合，为传统制造业的绿色转型注入了强大动力。本章的目的是深入探讨数智化如何成为传统制造业实现绿色转型的引领力量，揭示在这一转型过程中所涉及的关键要素、所面临的各种挑战，以及未来可能的发展趋势。

第一节　数智化的定义与性质

一、数智化的概念及起源

（一）数智化的概念

数智化（Digital Intelligence）是数字化和智能化的融合，既包括对数据的深度挖掘和分析，又具备智能化的决策和执行能力。"数智化"是一个颠覆性创新的过程，是在大数据、人工智能和云计算等技术加持下智能地分析和应用数据。相较于更加关注效率的数字化，"数智化"强调了数据应用的智能化水平及其创造的社会价值，是技术在更高维度的创新。"数智化"具有挑战和改变传统结构、开辟新发展"赛道"的潜能。从"数字化"

到"数智化"的转变不仅能提高城市运行的效率,满足居民的差异化价值需求,更是城市敏捷治理的重要基础。①②

(二)数智化的起源

1.数字化的兴起

20世纪60—80年代,数字化概念悄然登上历史舞台,计算机技术开始崭露头角,企业敏锐地察觉到其在数据处理和信息管理方面所蕴含的巨大潜力,纷纷引入计算机系统。尽管这些早期的计算机系统在如今看来功能相对有限,但在当时是企业管理方式的重大变革。企业借助它们能够更高效地处理数据,从而摆脱了以往烦琐的人工计算和记录方式。在数据存储方面,也发生了显著变化。从最初的打孔卡片,到磁带存储,再到后来的磁盘,数据存储形式不断演进,存储容量逐步扩大,数据的读取和使用也变得更加便捷。这一系列变革为企业的数据积累与应用奠定了坚实的基础,预示了未来的发展趋势。

2.信息化的推广

20世纪90年代,信息技术如春风般迅速普及,企业对信息化管理的重要性有了全新的认识。在这个时期,企业意识到信息不再仅仅是数据的简单集合,而是一种能够驱动决策、提升竞争力的关键资源。企业资源计划(Enterprise Resource Planning,简称ERP)和客户关系管理(Customer Relationship Management,简称CRM)等系统的出现,成为推动企业信息管理的强大引擎。ERP系统整合了企业内部的各个业务流程,涵盖生产、采购、销售、财务等多个环节,实现了信息的实时共享和协同工作,大大提高了企业的运营效率。CRM系统则聚焦于客户关系的管理,帮助企业更好地了解客户需求、跟踪客户反馈,从而提升客户满意度和忠诚度。这些

---

① 长沙行政学院.数字化、信息化、智能化和数智化的区别是什么"[EB/OL].(2024-10-27)[2025-03-05].https://www.zgcsswdx.cn/info/10359.html.
② 于文轩,吴泳钊.以"数智化"推进超大特大城市敏捷治理[N].中国青年报,2023-12-05(10).

系统的广泛应用，让企业在信息管理的道路上迈出了坚实的步伐，为后续数智化的发展奠定了坚实基础。

（三）数智化的发展阶段

1. 大数据时代的到来

21世纪初，互联网的普及达到了前所未有的水平，随之而来的是海量的数据洪流，这些数据如同潮水一般不断地向企业涌来。这不仅为企业带来了前所未有的机遇，同时也带来了巨大的挑战。一方面，这些丰富的数据中蕴含着无法估量的商业价值，它们就像是一座座未被开采的宝藏，等待着企业去深入挖掘和利用；另一方面，由于数据量的庞大和复杂性，传统的数据处理方法和工具已经难以应对这种新的形势。在这种背景下，大数据技术应运而生，它为分析和处理这些海量数据提供了一种全新的解决方案。借助于大数据技术，企业的数据分析能力得到了极大的提升，能够从这些浩如烟海的数据中精准地提取出有价值的信息。基于这些通过大数据分析得到的信息，企业的决策过程不再仅仅依赖于经验和直觉，而是转向了一种基于数据驱动的创新模式。这种模式为企业的发展开辟了新的道路，使得企业能够更加科学、高效地制定战略和决策，从而在激烈的市场竞争中占据有利位置。

2. 人工智能的崛起

2000—2010年，人工智能技术取得了前所未有的重大突破，这为企业的发展带来了新的契机。敏锐的企业家迅速捕捉到了这一趋势，并积极将人工智能技术引入企业的多个业务领域中。在数据分析这一关键领域，人工智能能够以惊人的速度处理大量复杂的数据，并且能够深入挖掘出数据中隐藏的规律和模式。在预测建模方面，人工智能凭借其强大的算法能力，能够对市场趋势和客户行为进行精准的预测，从而为企业提供有力的决策支持。而在自动化决策领域，人工智能可以根据预设的规则及数据分析的结果，迅速做出决策，这不仅提高了决策的效率，同时也极大地提升了决策的准确性。人工智能技术的广泛应用，使得企业的运营变得更加智能和高效。

（四）数智化的形成与应用阶段

1.数智化概念的提出

21世纪10年代后期，数智化作为一种全新的管理理念登上历史舞台。随着数字化与智能化技术的深度融合，行业内敏锐地察觉到这一趋势将带来深远变革，由此展开了广泛的理论探讨。专家学者从不同视角剖析数智化的内涵与外延，为其发展奠定理论基础。与此同时，一些具有前瞻性的企业率先开启实践探索。它们将数字技术与智能手段相结合，应用于生产、管理、营销等环节，取得显著成效，这些实践案例为其他企业提供了宝贵借鉴，推动数智化理念在行业内逐步传播。

2.行业应用的扩展

在当今时代，数智化技术已经深入各行各业，并且在这些领域中催生了众多的创新和转型成果。特别是在制造业，数智化技术的应用已经变得越来越普遍，它通过智能控制和优化生产线，显著提升了生产效率和产品质量。例如，智能机器人被广泛引入生产流程，它们能够精准地完成各种复杂的任务，极大地提高了生产的自动化水平。在金融服务领域，数智化技术同样发挥着重要的作用，它通过智能算法对海量数据进行快速分析，从而进行风险评估，并且通过智能客服系统随时解答客户的疑问，大大提升了服务效率和质量。而在医疗健康行业，数智化技术的应用正在推动远程医疗和智能诊断的发展。医生可以利用远程设备为患者进行诊断，同时借助智能系统辅助分析病情，这不仅为患者提供了更加便捷和精准的医疗服务，也极大地改善了医疗资源的分配和利用效率。

3.如何通过数智化提升用户体验

数智化时代，利用信息技术提升用户体验成为关键。以下从多个方面阐述如何实现。

第一，精准洞察用户需求。借助大数据分析技术，收集用户在不同场景下的行为数据，如浏览记录、购买历史、搜索关键词等。通过对海量数据的深度挖掘，精准分析用户的偏好、需求和痛点。例如，电商平台通过分析用户数据，了解用户对商品款式、价格、功能的喜好，为用户提供更符合需求的商品推荐。

第二，提供个性化服务。基于数据分析实现服务的个性化定制。在教育领域，在线教育平台根据学生的学习进度、知识掌握情况，为其制定专属学习计划和推荐合适课程；金融机构依据客户的资产状况、风险承受能力，提供个性化的理财方案。

第三，优化服务流程。运用数字化手段简化和优化服务流程，减少用户等待时间和操作步骤。以政务服务为例，通过建设一体化在线政务服务平台，用户可以在线提交办事申请、查询办理进度，实现"最多跑一次"，甚至"一次不用跑"；酒店利用自助入住系统，让用户快速完成入住登记，提升入住效率。

第四，增强互动与反馈。搭建多样化的互动渠道，如在线客服、社交媒体、用户论坛等，方便用户随时与企业沟通。及时响应用户咨询和反馈，利用人工智能技术实现智能客服快速解答常见问题，对于复杂问题及时转接人工客服处理。企业还应定期收集用户反馈，用于改进产品和服务。

第五，打造沉浸式体验。借助虚拟现实（Virtual Reality，简称VR）、增强现实（Augmented Reality，简称AR）等技术，为用户创造沉浸式体验。在文旅行业，景区利用AR导览，为游客提供更生动的景点介绍和历史文化讲解；游戏行业通过VR技术让玩家身临其境地感受游戏世界，提升游戏体验。

第六，保障数据安全与隐私。在数智化环境下，用户的数据安全和隐私保护至关重要。企业应采取先进的技术手段和严格的管理措施，确保用户数据的保密性、完整性和可用性。例如，采用加密技术对用户数据进行加密存储和传输，建立完善的数据访问权限管理体系，防止数据泄露和滥用。

二、数智化的性质

数智化是指在数字化与智能化相结合的过程中，利用先进的信息技术和智能算法，对数据进行深度挖掘、分析与应用，以实现决策的优化和业务的提升。这一概念通常涉及大数据、人工智能、物联网等前沿技术的融合，旨在推动各行业的转型升级。其性质可以大致列为以下几点。

第一，数据驱动。在当今这个信息化飞速发展的时代，数智化的核心理念已经深入人心，而其核心则在于数据的采集、存储与分析。通过对海量数据的深入处理和挖掘，我们可以从中提取出有价值的信息和知识，这些信息和知识能够帮助企业做出更加科学、精准的决策。数据驱动的模式使得企业能够基于实际数据和客观分析，而非仅凭直觉或经验来指导其业务发展和战略规划。这种模式不仅提高了决策的准确性，还大大提升了企业的运营效率和市场竞争力。

第二，智能化决策。通过运用先进的机器学习和人工智能技术，数智化能够自动分析大量数据，识别出潜在的趋势和模式。这些技术的应用使得决策过程不再单纯依赖于个人的经验和直觉，而是通过深入的数据分析提供坚实可靠的依据。因此，决策变得更加精准、高效，并且能够更好地适应不断变化的环境和需求。

第三，实时性。在数智化的环境中，信息的获取与处理往往是实时的。系统能够及时响应变化，快速适应市场需求或操作环境，提升企业的敏捷性。这种实时性确保了企业能够迅速做出反应，抓住市场机遇。此外，实时性还意味着企业能够实时监控业务流程，及时发现并解决问题，从而减少潜在的风险和损失。通过实时数据分析，企业可以更好地理解消费者行为，预测市场趋势，从而制定更加精准和有效的商业策略。实时性在竞争激烈的市场中显得尤为重要，它可以帮助企业保持竞争优势，实现可持续发展。

第四，系统集成。数智化时代的到来，强调了不同信息系统之间的互联互通，促进了不同部门、不同系统的数据共享与协同工作。这种集成化的方式使得资源利用更加高效，有效避免了信息孤岛的出现，确保了企业内部的沟通和协作更加顺畅，从而提高了整体的工作效率。

第五，用户中心。在当今这个数字化和智能化迅速发展的时代，数智化已经成为企业发展的关键驱动力。数智化不仅关注技术的先进性和创新性，更加注重如何通过这些技术来提升用户体验。通过深入的数据分析，企业能够准确地把握用户的需求和偏好，从而提供更加个性化和精准的服务。这种以用户为中心的服务模式，能够显著增强用户的满意度和忠诚度。用户满意度的提升，不仅能促进用户的重复购买，还能通过口碑效应吸引更多的潜在客户。因此，以用户为中心的设计理念，使得企业能够更好地满足市场需求，提升品牌价值，最终实现企业的可持续发展。

第六，创新驱动。数智化为企业提供了创新的土壤。通过数据的深入挖掘和智能技术的应用，企业可以开发出新产品、新服务，甚至新的商业模式，从而在竞争中占据优势。创新是推动企业持续发展的核心动力。在这个过程中，企业不仅能够通过分析大数据来洞察市场趋势和消费者需求，还可以利用人工智能、机器学习等先进技术优化生产流程、提高运营效率。此外，数智化还能帮助企业实现个性化定制，满足消费者对产品和服务的个性化需求，进一步提升客户满意度和忠诚度。因此，数智化不仅为企业带来了创新的可能，还为企业在激烈的市场竞争中提供了持续成长和保持竞争力的有力支撑。

第七，可持续发展是当今社会面临的重要议题。数智化技术的应用，为企业实现资源的高效利用与环境的可持续发展提供了新的可能性。通过深入的数据分析，企业能够优化生产流程，减少浪费，降低能耗，从而在生产过程中实现更加环保的操作。这不仅有助于保护我们赖以生存的环境，也能够降低企业的运营成本，实现经济效益与社会效益的双赢局面。数智化技术的运用，使得企业能够在追求经济增长的同时，也兼顾到对环境的保护，确保了长远发展的可持续性。

综上所述，数智化是数字化与智能化的结合，是在数字化的基础上，通过智能化手段赋能企业运营、产品创新和服务优化，从而驱动商业模式创新和整体效能升级的过程。数智化的核心是以海量大数据为基础，结合人工智能相关技术，打通原有数据"端到端孤岛"，结合场景化去解决问题。数智化的目标是将人从繁杂的劳动中解脱出来，让数字信息的处理与展现更符合企业的实际需求，为企业快速决策提供支持。通过对大量数据的分析和挖掘，数智化可以帮助企业更准确地了解市场和客户需求，做出更具洞察力的决策。

第二节 数智化背景下传统制造业绿色转型需求

一、绿色转型的政策要求与导向

在全球积极应对气候变化、我国大力推进生态文明建设的大背景下，国家和地方纷纷出台一系列政策文件，引导和推动传统制造业进行绿色转型，这些政策明确了绿色发展的要求与导向，凸显了绿色转型的重要性与紧迫性。

从国家层面来看，党的二十大报告着重提出"推动制造业高端化、智能化、绿色化发展"，为传统制造业的发展指明了方向。2024年2月，工业和信息化部等七部门发布的《关于加快推动制造业绿色化发展的指导意见》，更是为制造业绿色化发展制定了详细的时间表与路线图，提出到2030年，各级绿色工厂产值占制造业总产值比重超过40%；主要再生资源循环利用量达到5.1亿吨，大宗工业固废综合利用率达到62%等具体目标。[①]2024年8月，中共中央、国务院发布的《关于加快经济社会发展全面绿色转型的意见》明确提出，"支持企业用数智技术、绿色技术改造提升传统产业"，强调了利用先进技术推动传统制造业绿色升级的重要性。[②]这

---

① 中华人民共和国工业和信息化部.工业和信息化部等七部门关于加快推动制造业绿色化发展的指导意见［EB/OL］.（2024-02-29）［2025-04-03］.https://www.miit.gov.cn/zwgk/zcwj/wjfb/yj/art/2024/art_f1be5a86074d46c99c20be3e713f6838.html.

② 新华社.中共中央 国务院关于加快经济社会发展全面绿色转型的意见［EB/OL］.（2024-08-11）［2025-04-03］.https://www.gov.cn/zhengce/202408/content_6967665.htm.

些政策文件表明，国家将绿色发展视为推动传统制造业高质量发展的关键举措，旨在构建绿色低碳循环发展的经济体系。

地方政府也积极响应国家号召，结合本地实际情况，出台了一系列具有针对性的政策措施。例如，一些工业大省通过设立专项补贴资金，对实施绿色转型的传统制造企业给予资金支持，鼓励企业采用先进的绿色生产技术和设备；部分地区则通过制定严格的地方环保标准，倒逼企业进行技术改造和升级，减少污染物排放。

这些政策的出台，充分体现了绿色发展的重要性和紧迫性。传统制造业作为我国经济的重要支柱，其高能耗、高污染的发展模式已难以适应新时代的发展要求。绿色转型不仅有助于传统制造业降低能源消耗、减少环境污染，实现可持续发展，还能提升企业的竞争力，推动产业结构优化升级。在政策的引导下，传统制造企业必须积极响应，加快绿色转型步伐，以顺应时代发展潮流，为我国经济的绿色可持续发展贡献力量。

二、数智化如何助力传统制造业绿色转型

（一）生产流程优化与节能减排

1.智能生产调度

利用数智化技术，通过对生产任务、设备状态、人员技能等多方面数据的实时分析和智能算法优化，实现生产任务的合理分配和生产流程的精准调度。这种智能生产调度不仅能有效减少生产过程中的等待时间和闲置产能，还能显著提升生产效率和产品质量。同时，通过实时监控设备运行状态，及时预警潜在故障，避免设备非计划停机，进一步确保了生产的连续性和稳定性。此外，智能生产调度还能根据订单需求灵活调整生产计划，有效应对市场波动，增强企业的市场竞争力。例如，基于大数据和人工智能的生产调度系统可以根据订单优先级、设备产能和物料供应情况，动态调整生产计划，减少设备的闲置时间和生产过程中的等待时间，提高生产效率，降低能源消耗。

2.能源管理系统

借助物联网技术，在生产设备和能源供应系统中安装各类传感器，实时采集能源消耗数据，如电、水、气等的使用量和使用时间。通过能源管理系统对这些数据进行分析和挖掘，找出能源浪费的环节和原因，并通过智能控制技术实现对能源消耗的精准控制。例如，根据设备的实际运行需求自动调整电机的转速，避免设备在低负荷运行时的能源浪费；在夜间或非生产高峰时段，自动关闭不必要的设备和照明系统，实现节能减排。

3.工艺改进与创新

数智化模拟技术可以在虚拟环境中对生产工艺进行优化和创新。通过建立生产工艺模型，模拟不同参数下的生产过程，预测产品质量和能源消耗情况，企业可以在实际生产之前找到最优的工艺方案。这种模拟不仅减少了试错成本，还显著缩短了新产品从研发到上市的时间。同时，数智化模拟技术还能帮助企业识别并消除生产过程中的瓶颈环节，通过调整工艺参数或引入新的生产技术，进一步提高生产效率和产品质量。此外，结合大数据分析，企业可以持续跟踪和优化生产工艺，确保生产过程的稳定性和可持续性。例如，在金属加工行业，利用数字化模拟技术优化锻造、热处理等工艺参数，不仅可以提高产品质量，还能降低能源消耗和原材料损耗。

4.绿色仓储物流发展

在传统制造业绿色转型的进程中，仓储物流环节的绿色化发展至关重要。数智化技术在货物码放、调拨、配送等环节的应用，极大地提高了仓储利用率和物料运输效率，为实现绿色仓储物流提供了有力支撑。

（1）在货物码放环节，自动化立体仓库和智能仓储管理系统的应用，实现了货物的高密度存储和高效管理。自动化立体仓库利用高层货架和堆垛机，能够充分利用仓库空间，大大提高了仓储利用率。智能仓储管理系统则通过对货物的实时定位和库存管理，实现了货物的快速出入库和精准管理。

（2）在货物调拨环节，自动化输送系统和智能分拣设备的应用，实现了货物的快速、准确调拨。自动化输送系统能够将货物从一个区域快速输送到另一个区域，减少了人工搬运和运输时间。智能分拣设备则通过图像识别和智能算法，能够快速准确地将货物分拣到指定位置，提高了分拣效率和准确性。

（3）在货物配送环节，智能调度系统和新能源车辆的应用，实现了配送路线的优化和节能减排。智能调度系统能够根据订单信息、车辆位置和交通状况等因素，实时规划最优配送路线，减少车辆行驶里程和运输时间。新能源车辆则以其低排放、低能耗的特点，成为绿色配送的重要选择。

综上所述，数智化技术在货物码放、调拨、配送等环节的应用，有效提高了仓储利用率和物料运输效率，减少了能源消耗和环境污染，为传统制造业的绿色仓储物流发展提供了强大动力。随着数智化技术的不断发展，传统制造业的仓储物流环节将朝着更加绿色、高效的方向迈进。

5.构建绿色低碳供应链

传统制造业构建绿色低碳供应链，是实现数智化与绿色转型协同发展的关键一环。这一过程需从龙头企业内部出发，逐步扩展至产业链上下游，借助数字化平台建设，满足碳排放核算、产品碳足迹测算等多方面需求，从而推动整个供应链向绿色低碳方向转变。

龙头企业在绿色低碳供应链构建中发挥着引领作用。在企业内部，通过数智化手段实现生产环节的精准管控，对原材料采购、生产流程、产品交付等全流程进行碳排放监测与优化。例如，利用先进的传感器和数据分析系统，实时收集生产设备的能耗数据，精准核算碳排放情况，进而优化生产工艺，降低能源消耗与碳排放。

在此基础上，龙头企业凭借自身的影响力和资源优势，将绿色低碳理念延伸至产业链上下游。通过搭建数字化平台，实现供应链信息的实时共享与协同运作。在这个平台上，一方面可进行碳排放核算，对供应链各环节的碳排放数据进行整合与分析，明确碳排放的主要来源和关键节点，为制定针对性的减排措施提供依据。另一方面，能够开展产品碳足迹测算，精确计算产品从原材料获取到最终废弃处理整个生命周期内的碳排放量，使消费者和合作伙伴清晰了解产品的环境影响。通过数字化平台的建设与应用，供应链上下游企业能够更好地协同合作。上游供应商可根据龙头企业的绿色低碳要求，调整生产方式和原材料采购策略，提供更环保的原材料和零部件；下游经销商和客户则能及时获取产品的碳足迹信息，增强对绿色产品的认知和选择意愿。

综上所述，构建绿色低碳供应链意义重大。这不仅有助于传统制造业降低整体碳排放，提升行业的绿色形象，还能增强供应链的韧性和竞争力。在全球对环保要求日益严格的背景下，绿色低碳供应链能够更好地满足市场需求，应对贸易壁垒，为传统制造业的可持续发展奠定坚实基础。

（二）产品绿色设计与全生命周期管理

1.绿色设计工具

数智化平台提供了一系列绿色设计工具，帮助企业在产品设计阶段充分考虑产品的环境属性。例如，利用计算机辅助设计（computer-aided design，简称 CAD）和生命周期评价（Life Cycle Assessment，简称 LCA）软件相结合的方式，对产品的材料选择、结构设计、制造工艺等进行综合评估，确保产品在整个生命周期内对环境的影响最小化。在材料选择方面，可以优先选用可再生、可回收、低能耗的材料；在结构设计上，通过优化产品结构减少材料使用量，同时便于产品在废弃后拆解和回收。

2.产品全生命周期管理系统

借助数智化的产品全生命周期管理（Product Lifecycle Management，简称 PLM）系统，企业可以对产品从设计、生产、销售、使用到回收处理的整个生命周期进行全面管理和监控。通过 PLM 系统，各个环节的数据能够实时共享和协同工作，实现产品全生命周期的信息追溯和绿色性能优化。例如，在产品使用阶段，通过物联网技术收集产品的运行数据和用户反馈，为产品的改进和升级提供依据；在产品回收阶段，根据产品的结构和材料信息，制定合理的回收方案，提高资源回收率。

（三）供应链绿色协同与优化

1. 供应商管理与绿色采购

数智化技术可以帮助企业建立完善的供应商评估和管理体系，将供应商的环保绩效纳入评估指标体系。通过大数据分析和供应链协同平台，企业可以实时了解供应商的生产过程、环境管理措施、原材料来源等信息，优先选择那些具有良好环保记录的供应商进行合作。同时，推动供应商采用绿色生产技术和可持续发展的经营理念，共同实现供应链的绿色化。在采购环节，利用数字化采购平台实现采购流程的透明化和智能化，优化采购计划，减少库存积压，降低采购过程中的能源消耗和环境影响。

2. 物流配送优化

数智化的物流管理系统可以通过对物流路线、运输方式、货物装载等进行优化，降低物流配送过程中的能源消耗和碳排放。例如，利用大数据分析和智能算法规划最佳的物流配送路线，减少运输里程；采用共同配送、循环取货等模式，提高车辆的装载率和运输效率；推广使用新能源车辆和电动叉车等绿色物流设备，降低物流环节的污染物排放。此外，系统还能够实时监控运输车辆的运行状态，及时发现并解决潜在的能效问题，如车辆故障、不合理的行驶速度等，从而进一步提高物流效率。同时，利用先进的数据分析技术，物流管理系统能够预测和优化物流需求，避免过度运输和空载现象的发生，进一步减少资源浪费。通过与供应商和客户的信息共享，实现供应链的协同管理，确保物流环节的高效、环保。

（四）智能监测与环境管理决策支持

1.环境监测与预警

在企业生产厂区和周边环境中部署各类环境监测传感器，实时采集空气质量、水质、噪声等环境数据。通过数智化的环境监测系统对这些数据进行分析和处理，一旦发现环境指标超标或存在潜在的环境风险，能够及时发出预警信息，以便企业采取相应的措施进行处理，避免环境污染事故的发生。同时，数智化的环境监测系统还能够对环境数据进行长期跟踪和分析，帮助企业了解环境变化的趋势和规律，为企业的环境管理提供科学依据。例如，通过对空气质量数据的分析，可以识别出主要的污染源和污染物，进而采取针对性的治理措施；通过对水质数据的监测，可以及时发现水体污染的情况，防止污染扩散对生态环境造成更大的影响。此外，数智化的环境监测系统还可以与其他管理系统进行集成，如与企业的生产管理系统相结合，实现环境数据与生产数据的联动分析，为企业的绿色生产和可持续发展提供有力支持。

2.环境管理决策支持系统

基于大数据分析和人工智能技术，构建企业环境管理决策支持系统。该系统可以整合企业的生产数据、环境监测数据、法规政策信息等多源数据，通过建立环境模型和决策算法，为企业的环境管理决策提供科学依据。该系统能够实时分析企业的环境绩效，识别环境管理中的薄弱环节，提出改进建议。通过模拟不同情景下的环境影响，预测企业未来的环境趋势，为长期环境规划提供数据支持。此外，决策支持系统还可以帮助企业进行环境风险评估，识别潜在的环境风险和威胁，制定相应的风险应对策略，确保企业的环境安全。通过与专家的知识库相结合，该系统还能够提供最新的环保技术和政策动态，助力企业保持环境管理的领先地位。例如，在制定节能减排目标、选择环保技术和设备、应对环境法规变化等方面，为企业管理层提供决策建议，帮助企业实现环境效益和经济效益的双赢。

（五）数智技术在绿色设计中的应用

在传统制造业绿色转型的进程中，数智技术在产品绿色设计领域发挥着至关重要的作用，仿真模拟与数字孪生等技术的应用，为实现产品轻量化、低碳化、循环化设计提供了有效途径。仿真模拟技术能够在产品设计阶段对各种性能和指标进行虚拟测试和验证。通过建立精确的模型，模拟产品在不同环境和工况下的运行情况，设计师可以提前优化设计方案，减少不必要的材料使用和能源消耗，从而实现产品的轻量化设计。

数字孪生技术则为产品绿色设计带来了全新的视角。它通过创建与物理实体精确对应的虚拟模型，实时反映产品在整个生命周期内的状态和性能。在产品设计阶段，数字孪生模型可以帮助设计师全面了解产品的各项特性，优化设计方案，实现低碳化设计。此外，数智技术还能实现产品设计与生产、使用、回收等环节的紧密协同。通过数据共享和实时交互，设计师可以充分考虑产品全生命周期的环境影响，从源头上减少资源浪费和环境污染。例如，某电子产品制造商利用数智技术建立了产品全生命周期管理平台，在产品设计阶段就与供应商、生产部门、售后服务团队等进行协同设计。根据不同环节的反馈信息，优化产品结构和材料选择，使产品在满足性能要求的同时，更易于拆卸、回收和再利用。

仿真模拟、数字孪生等数智技术在产品绿色设计中的应用，为传统制造业实现绿色转型提供了强大的技术支撑。通过这些技术的应用，企业能够在产品设计阶段就充分考虑环境因素，实现产品的轻量化、低碳化、循环化设计，从而提高资源利用效率，减少对环境的影响，推动传统制造业向绿色可持续发展方向迈进。

三、传统制造业面临的挑战

在当前经济环境和市场需求快速变化的大背景下,传统制造业正面临着诸多严峻挑战,这些困境制约着其进一步发展,甚至威胁到部分企业的生存。

(一)技术革新与升级压力

随着数智化技术的迅猛发展,传统制造业面临着必须紧跟技术潮流,进行必要的技术革新与升级的迫切需求。这一趋势对于许多习惯于传统生产模式的制造企业来说,无疑是一个巨大的挑战。一方面,企业需要投入大量资金引进先进的数智化设备和技术,这对于资金实力有限的企业来说,无疑是一大难题;另一方面,技术的引进与消化需要时间和人才的支持,而短期内可能无法看到明显的效益,这也会让一些企业犹豫不决。此外,数智化转型还涉及企业内部流程的优化、数据管理能力的提升以及与新技术的融合等多方面的工作,这些都需要企业进行详细的规划。因此,传统制造业在面对数智化转型时,不仅需要有前瞻性的战略眼光,还需要有坚定的决心和持续的投入,才能在未来的市场竞争中保持竞争力。

(二)生产成本上升

绿色转型是指企业为了实现更加环保和节能的生产方式而进行的一系列变革。这种转型通常伴随着生产成本的增加,因为企业需要采取一系列措施来达到环保标准。例如,企业可能会选择使用更加环保的材料来替代那些传统且对环境影响较大的材料,这不仅需要寻找合适的替代品,还可能涉及生产线的改造和员工的再培训。此外,采用清洁生产技术以减少生产过程中的污染排放,同样需要企业进行技术升级和设备更新,这些都会带来额外的经济负担。不仅如此,数智化技术的应用,包括智能制造、大数据分析和物联网等，要求企业投入大量的资金用于研发和运营，以确保技术的顺利实施和持续优化。这些因素综合起来，无疑会使企业的总体生产成本上升。在当前市场竞争日益激烈的大环境下，生产成本的上升可能会对企业的市场竞争力造成一定的影响，因为成本的增加可能会导致产品价格的提高，从而影响产品的市场竞争力。

（三）产能过剩

产能过剩已经成为传统制造业领域中一个不容忽视的严重问题。在过去数十年间，为了迎合市场对产品需求的快速增长，传统制造业进行了大规模的产能扩张。然而，随着全球经济增速的逐渐放缓以及国内经济结构的调整，市场需求开始趋于稳定甚至出现下降趋势，这直接导致了众多行业面临产能过剩的困境。以钢铁行业为例，众多钢铁企业为了追求短期的规模效益，盲目扩大生产规模，结果导致钢铁产量远远超出了市场的真实需求，从而引发了资源的极大浪费。在这种情况下，企业之间为了争夺有限的市场份额，不得不陷入一场场恶性的竞争之中，导致产品价格持续下跌，企业的利润空间被严重挤压，许多企业因此陷入亏损的艰难境地。

（四）创新不足

创新不足已经成为制约传统制造业发展的关键瓶颈之一。与那些充满活力的新兴产业相比，传统制造业在研发投资、创新人才积累等方面明显处于不利地位。众多传统制造企业长期以来一直依赖于老旧的生产工艺和产品线，很少尝试去探索和采纳新技术、新工艺。由于创新动力的缺失，这些企业生产的产品往往出现严重的同质化现象，无法满足消费者日益增长的多样化和个性化需求。在当今科技迅猛发展的背景下，消费者对产品的功能、品质以及智能化程度提出了更加苛刻的要求。如果传统制造业不能迅速提升自身的创新能力，以适应这些变化，它们将不可避免地在市场竞争中逐渐丧失优势。

（五）人才短缺与培养难题

在数智化背景下，传统制造业需要更多具备数智化技能和环保意识的复合型人才。然而，当前市场上这类人才相对稀缺。对于传统制造业而言，如何吸引和留住这类人才，成为一个亟待解决的问题。同时，企业还需要加强对现有员工的数智化技能和环保意识的培训，以适应绿色转型的需求。但培训成本高、周期长，且效果难以立竿见影，这也给企业的绿色转型带来了不小的挑战。

（六）政策法规与标准约束

随着环保意识的不断提高，政府对于制造业的环保要求越来越严格。一系列的政策法规和标准约束着企业的生产行为，要求企业必须减少污染排放、提高资源利用效率。这对于传统制造业而言，无疑增加了合规成本。同时，政策法规和标准的不断更新和完善，也要求企业必须持续关注并适应这些变化，否则将面临法律风险和声誉损失。

（七）环境污染问题严重

环境污染问题给传统制造业带来巨大压力。传统制造业的生产过程往往伴随着高能耗、高污染，对生态环境造成了严重破坏。例如，化工、印染、造纸等行业在生产过程中排放大量的废水、废气和废渣，对土壤、水源和空气造成污染。随着环保意识的深入人心和环保法规的日益严格，传统制造企业面临着越来越高的环保成本和监管压力。一些企业因无法达到环保标准而被迫停产整顿，这不仅影响了企业的正常生产经营，也对整个行业的发展产生了负面影响。

（八）资源利用率低

资源利用率低是传统制造业的又一顽疾。传统的生产方式往往存在资源浪费严重的问题，原材料在生产过程中未能得到充分利用，能源消耗居高不下。在资源日益稀缺、价格不断上涨的情况下，资源利用率低无疑增加了企业的生产成本，削弱了企业的盈利能力。同时，这也与可持续发展的理念背道而驰，不符合社会发展的长远需求。传统制造业若想实现可持续发展，必须解决这些挑战，寻求新的发展路径。

四、市场需求与消费者偏好的转变

在数智化时代背景下，传统制造业面临着前所未有的变革挑战与转型机遇。其中，绿色转型不仅是响应国家生态文明建设号召的重要举措，更是适应市场需求与消费者偏好转变的必然选择。

（一）市场需求的新趋势

随着全球经济的快速发展和资源环境压力的日益加大，绿色低碳已成为全球经济发展的新趋势。各国政府纷纷出台相关政策，鼓励和支持企业进行绿色转型，以减少碳排放、提高资源利用效率。在这一背景下，传统制造业的绿色转型不仅是企业自身发展的需要，更是顺应市场需求变化的必然选择。数智化技术的广泛应用为传统制造业的绿色转型提供了有力支撑。通过智能化生产、精细化管理等手段，企业能够实现对生产过程的精准控制，降低能耗、减少废弃物排放，从而提高产品的环保性能和市场竞争力。同时，数智化技术还能够帮助企业更好地把握市场需求变化，实现定制化生产和服务，满足消费者对绿色、环保、个性化产品的需求。

（二）消费者偏好的转变

随着人们生活水平的提高和消费观念的转变，消费者对产品的环保性能和质量要求越来越高。越来越多的消费者开始关注产品的生产过程、原材料来源以及是否对环境造成污染等问题。这种消费者偏好的转变促使企业不得不重视绿色转型，以满足消费者的环保需求。在数智化时代，消费者可以通过互联网、社交媒体等渠道获取更多关于产品的信息和评价。因此，企业的环保形象和产品质量成为消费者选择的重要考量因素。为了赢得消费者的信任，企业需要积极采取绿色转型措施，提高产品的环保性能和品质水平。

（三）绿色转型的市场机遇

数智化背景下的绿色转型不仅能够帮助企业降低生产成本、提高资源利用效率，还能够为企业带来新的市场机遇。随着全球对绿色低碳产品的需求不断增加，绿色市场将成为未来经济发展的重要方向。传统制造业企业可以通过绿色转型，开发符合市场需求的新产品、新技术和新服务，从而在市场竞争中占据有利地位。同时，绿色转型还能够促进企业与产业链上下游企业的合作与共赢。通过数智化技术实现产业链上下游企业的信息共享和协同生产，可以降低整个产业链的能耗和排放水平，提高整体竞争力。这种产业链上下游企业的合作与共赢模式将成为未来绿色经济发展的重要趋势。

（四）面临的挑战与应对策略

尽管数智化背景下的绿色转型为传统制造业带来了诸多机遇，但同时也面临着诸多挑战。例如，绿色转型需要投入大量的资金和技术支持；企业在转型过程中可能会遇到技术瓶颈和人才短缺等问题；消费者对绿色产品的认知程度和接受程度还有待提高等。为了应对这些挑战，企业需要采取以下策略：一是加大绿色技术的研发和投入力度，提高自主创新能力；二是加强与高校、科研机构等的合作与交流，引进和培养绿色技术人才；三是加强市场宣传和推广力度，提高消费者对绿色产品的认知程度和接受程度；四是建立健全绿色管理体系和认证制度，确保绿色转型的顺利实施和持续推进。

五、小结

随着消费者环保意识的不断增强，市场对绿色产品的需求日益增长。消费者更愿意购买那些采用环保材料、生产过程绿色低碳的产品。传统制造业企业只有顺应这一市场趋势，加快绿色转型，才能满足消费者的需求，提升产品的市场竞争力。数智化技术有助于企业实现产品的绿色设计、绿色生产和绿色营销。通过数字化模拟技术，企业可以在产品设计阶段对产品的整个生命周期进行环境影响评估，优化产品设计方案，减少产品在使用和废弃阶段的环境负担。同时，利用数智化手段可以向消费者清晰展示产品的绿色属性和生产过程的环保措施，增强消费者对企业品牌的信任和认可。

在全球可持续发展的大背景下，企业的社会责任意识日益受到关注。传统制造业企业进行绿色转型，不仅是对环境和社会的贡献，也是提升自身可持续发展能力的必然选择。数智化与绿色转型相结合，可以帮助企业建立更加高效、灵活、可持续的生产运营模式，提高企业的抗风险能力。通过数智化技术实现供应链的绿色协同，与供应商和合作伙伴共同推动绿色采购、绿色物流等，构建一个绿色、低碳、循环的产业生态系统，实现企业的长期稳定发展。

第三节　数智化与传统制造业的融合发展趋势

一、制造业数智化转型的底层逻辑与战略意义

（一）产业变革的必然性分析

在全球制造业竞争格局下，各国纷纷加大对先进制造业的投入，力图抢占产业制高点。发达国家凭借技术优势，推动制造业高端化发展，而新兴经济体则以低成本优势吸引产业转移，这使得我国传统制造业面临着"前后夹击"的严峻挑战。同时，国内经济正处于转型的关键时期，传统制造业高能耗、高污染、低附加值的发展模式难以为继，迫切需要通过数智化转型实现动能转换，提升产业竞争力。

政策文件为制造业数智化转型提供了战略指引。《制造业企业数字化转型实施指南》等政策的出台，明确了转型的目标、路径和重点任务，强调了强化研发设计云端协同、推动生产过程智能转型等关键举措，为企业转型提供了有力的支持。通过数智化转型，企业能够更好地适应市场变化，提高产业链协作效率和供应链一体化协同水平，实现做强做优实体经济的战略目标。

（二）新质生产力的提出

新质生产力是创新起主导作用，摆脱传统经济增长方式、生产力发展路径，具有高科技、高效能、高质量特征，符合新发展理念的先进生产力质态。它由技术革命性突破、生产要素创新性配置、产业深度转型升级而催生。以劳动者、劳动资料、劳动对象及其优化组合的跃升为基本内涵，以全要素生产率大幅提升为核心标志，特点是创新，关键在质优，本质是先进生产力。习近平总书记指出："传统制造业是现代化产业体系的基底，

要加快数字化转型，推广先进适用技术，着力提升高端化、智能化、绿色化水平。"当前，从中央到地方正在密集出台措施，促进传统制造业加快形成新质生产力，为经济高质量发展奠定坚实基础。①

从技术经济范式理论来看，数智化正在重构生产要素的组合方式，催生新质生产力。在传统生产模式中，劳动力、资本和土地是主要的生产要素，而数智化时代，数据成为关键的生产要素。通过对数据的采集、分析和应用，企业能够实现生产过程的精准控制、产品质量的有效提升以及供应链的优化管理。

数智化推动了生产要素的绿色化。传统制造业往往伴随着高能耗和高污染，而数智技术的应用使得企业能够实现能源的高效利用和废弃物的减少排放。例如，通过智能传感器和数据分析，企业可以实时监测生产过程中的能源消耗情况，及时调整生产参数，降低能源浪费。

新质生产力具有高端化的特征。数智化促使企业向高端制造领域迈进，提高产品的附加值和技术含量。企业可以利用数字孪生、工业大模型等技术，进行产品的虚拟设计和仿真验证，缩短产品研发周期，提高产品的创新性和竞争力。

融合化也是新质生产力的重要特征。数智化打破了产业之间的界限，促进了制造业与服务业、信息技术产业等的深度融合。"制造＋服务＋数据"的模式创新，使得企业能够提供更加个性化、智能化的产品和服务，满足客户多样化的需求。这种融合不仅提升了企业的市场竞争力，也推动了整个产业生态的升级和发展。

---

① 央视新闻.新思想引领新征程｜厚植底色、提质转型 传统制造业加速向"新"［EB/OL］.（2024-04-30）［2025-04-03］.https://www.toutiao.com/article/7363445521530307082/?&source=m_redirect&wid=1743649883168.

二、政策驱动与顶层设计

（一）国家战略布局与政策导向

国家高度重视制造业数智化转型，出台了一系列政策体系为其保驾护航。《制造业企业数字化转型实施指南》明确了转型的具体路径和方法，指导企业从研发设计、生产制造到销售服务等全流程的数字化改造，强化云端协同与智能转型。梯度培育方案是政策体系的重要组成部分，依据企业规模、发展阶段和转型基础，将企业划分为不同梯度，实施差异化的培育策略。对于大型企业，鼓励其发挥引领作用，打造数字化转型标杆；对于中小企业，则注重提升其数字化应用能力。中小企业扶持机制为转型提供了有力保障。政府通过财政补贴、税收优惠等方式，降低中小企业转型成本；搭建公共服务平台，提供技术咨询、人才培训等服务，帮助中小企业解决技术和人才难题，推动其顺利实现数智化转型。

（二）新型基础设施建设图谱

5G基站、工业互联网平台等数智基建是制造业数智化转型的重要支撑。工业和信息化部2025年1月26日发布的2024年通信业统计公报数据显示，截至2024年年底，我国已建成425万个5G基站。[1]5G的高速数据传输和低时延特性，实现了设备之间的实时通信和数据交互，为智能制造提供了稳定的网络保障。工业互联网平台作为数智基建的核心，连接了产业链上下游企业和各类生产要素。它汇聚了大量的工业数据，通过数据分析和挖掘，为企业提供生产优化、质量管控、供应链协同等服务。企业可

---

[1] 中华人民共和国工业和信息化部.2024年第四季度通信业主要通信能力［EB/OL］.（2025-01-26）［2025-04-03］.https://www.miit.gov.cn/gxsj/tjfx/txy/art/2025/art_c839974b2cd541dab9d77cf3ab94d74a.html.

以依托工业互联网平台,实现设备联网、数据贯通和智能决策,提升生产效率和管理水平,推动制造业向智能化、网络化、绿色化发展。

三、技术应用与产业实践

(一)技术突破路径

数字孪生、生成式人工智能(Generative Artificial Intelligence)、工业大模型等技术在制造业数智化转型中扮演着关键角色,其演进路线和产业适配性值得深入探讨。

数字孪生技术从最初的概念设想,逐步发展到如今在航空航天、汽车制造等领域的广泛应用。它通过构建物理实体的虚拟模型,实现对生产过程的实时监控和优化。目前,该技术处于快速发展阶段,成熟度逐渐提高,与高端制造业的适配性良好,能够有效提升产品质量和生产效率。生成式人工智能技术近年来取得了显著进展,从文本生成扩展到图像、视频等多领域。在制造业中,生成式人工智能可用于产品设计、工艺规划等环节,帮助企业快速生成多种设计方案,提高创新能力。不过,该技术仍处于成长阶段,在数据安全和模型可解释性方面存在一定挑战,与传统制造业的融合还需要进一步探索。工业大模型基于大量工业数据进行训练,能够为企业提供智能决策支持。它的发展尚处于起步阶段,但潜力巨大。工业大模型可以应用于设备故障预测、质量检测等场景,与制造业的各个环节都有较高的适配性。

综上所述,企业应根据自身产业特点和发展需求,选择合适的技术进行应用,以实现数智化转型的目标。

(二)企业转型阶段模型

企业的数智化转型可以构建一个包含"设备联网-数据贯通-智能决策"三个阶段的模型。

首先,设备联网是整个转型过程的基础阶段。在这一阶段,企业需要通过安装各类传感器、通信模块等硬件设备，将生产线上的所有设备连接到网络中，从而实现对设备状态的实时监测和数据的高效采集。这一步骤为后续的数据分析和处理奠定了坚实的基础。

其次，数据贯通是整个转型的关键阶段。在设备联网的基础上，企业需要进一步打破各个系统之间的数据壁垒，确保数据能够在不同系统之间自由流通和共享。通过数据的无缝对接，企业可以全面掌握生产过程中的各项数据，为后续的智能决策提供丰富的数据支撑。

最后，智能决策是数智化转型的高级阶段。在这一阶段，企业将充分利用大数据分析、人工智能等先进技术，对海量数据进行深度挖掘和精准分析。通过这些技术的应用，企业能够从数据中提炼出有价值的信息，为生产决策提供科学、合理的支持，从而提升生产效率和优化资源配置，最终实现企业的智能化管理和高效运营。

四、产业链协同创新机制

（一）智能供应链体系建设

智能供应链体系建设是制造业数智化转型过程中的重要环节，而在这一体系中，采购管理系统的优化以及供应商协同网络的构建显得尤为关键。采购管理系统的优化是为了显著提高采购效率并有效降低相关成本。通过积极引入先进的数字化技术手段，企业能够实现采购流程的全面自动化和高度智能化，涵盖需求预测、供应商选择、订单管理等多个核心环节。具体而言，系统能够充分利用历史数据和市场趋势分析，精准预测未来的采购需求，从而有效避免因库存积压或突发缺货而带来的不利影响。

与此同时，供应商协同网络的构建则显著加强了企业与各供应商之间的信息共享和深度合作。借助强大的工业互联网平台，企业与供应商之间可以实现生产计划、库存水平、物流信息等关键数据的实时交互，确保供应链的高效协同运作。特别是在企业生产计划发生临时变更的情况下，供应商能够迅速响应并调整相应的供货计划，确保企业生产的连续性和稳定性，从而全面提升供应链的整体响应速度和抗风险能力。这一系列优化措施为制造业的数智化转型奠定了坚实的基础。

（二）跨界融合生态构建

"制造＋服务＋数据"的跨界融合生态模式，为制造业的转型升级和持续发展注入了全新的活力。这种创新性的模式彻底打破了以往传统制造业所固有的封闭边界，通过将制造环节、服务环节以及数据资源进行深度整合与协同，成功构建起一个开放、互联、高效的新生态体系。在这一体系中，企业不仅能够以前所未有的方式优化配置各类资源，还能充分挖掘和释放数据的价值潜力，进而打造出更加符合市场需求、更具市场竞争力的优质产品与服务。这种跨界融合的模式，有力地推动了制造业朝着高端化、智能化、服务化的方向迈进，为行业的长远发展奠定了坚实的基础。

五、转型挑战与突破路径

（一）中小企业转型困境

中小企业在数智化转型过程中面临着诸多困境，其中技术壁垒、数据孤岛和人才缺失是最为突出的三重障碍。技术壁垒是中小企业转型的首要难题。许多中小企业缺乏足够的资金和技术实力来引入先进的数智技术，如数字孪生、工业大模型等。这些技术的研发和应用成本高昂，对于资金有限的中小企业来说难以承受。而且，技术的复杂性也使得中小企业在应用过程中面临诸多困难，缺乏专业的技术人员进行维护。数据孤岛问题也严重制约了中小企业的转型。大部分中小企业内部各部门之间的数据无法实现有效共享和流通，形成了一个个数据孤岛。这导致企业无法对数据进行整合和分析，难以挖掘数据的价值，从而影响企业的决策和生产效率。同时，企业与外部合作伙伴之间的数据交互也存在障碍，无法实现产业链上下游的数据协同。人才缺失同样是中小企业转型的一大瓶颈。数智化转型需要既懂制造业又懂信息技术的复合型人才，但中小企业由于自身发展空间和待遇等方面的限制，难以吸引和留住这类人才。

（二）产教融合解决方案

产教融合是解决中小企业数智化转型人才缺失问题的有效途径，其中数字孪生课程开发与复合型人才培养机制是关键环节。数字孪生课程开发为培养适应数智化转型的人才提供了专业知识和技能支持。高校和职业院校可以结合制造业实际需求，开发数字孪生相关课程，包括数字孪生技术原理、应用案例分析等内容。通过课程学习，学生能够掌握数字孪生技术在制造业中的应用方法，为未来从事相关工作打下坚实的基础。复合型人才培养机制注重培养学生的跨学科能力。在教学过程中，不仅要传授制造业和信息技术方面的知识，还要培养学生的创新思维和实践能力。通过校企合作项目、实习实训等方式，让学生在实际项目中锻炼解决问题的能力。校企联合培养存在三种典型模式。一是订单式培养，企业根据自身需求向学校提出人才培养要求，学校按照企业标准进行课程设置和教学，学生毕业后直接进入企业工作。二是共建实训基地，学校和企业共同建设实训场所，为学生提供实践机会，企业技术人员可以参与教学指导，提高学生的实践操作能力。三是产学研合作，学校、企业和科研机构共同开展科研项目，学生参与其中，既能接触到前沿技术，又能培养科研创新能力。通过这些模式，能够为中小企业培养出更多符合数智化转型需求的复合型人才。

第三章　数智化技术在传统制造业中的应用

随着科技的飞速发展，数智化技术正逐步渗透到各行各业，尤其在传统制造业中展现出巨大的应用潜力和价值。本章将深入探讨数智化技术在传统制造业中的四大应用领域：物联网（Internet of Things，简称 IoT）在生产监控与优化中的应用、大数据分析在能耗管理与预测中的作用、人工智能（Artificial Intelligence，简称 AI）在质量控制方面的理论与实践，以及云计算与边缘计算在资源调度与远程协作中的优势。

第一节　物联网在传统制造业中的应用

物联网作为数智化技术的重要组成部分，通过智能感知、识别技术与普适计算等通信感知技术，将各种信息传感设备与互联网结合起来，进而形成了一个巨大的网络。在制造业中，物联网技术的应用使得生产设备、原材料、成品等能够实现互联互通，为生产监控与优化提供强有力的技术支持。

物联网技术在传统制造业中的应用，主要体现在生产监控与优化方面。通过在生产线、设备、物料等关键环节部署传感器和智能设备，企业可以实时采集生产数据，实现生产过程的全面监控。这些数据包括设备状态、生产效率、物料消耗等关键指标，能够帮助企业及时发现生产过程中的问题和瓶颈。基于物联网技术，企业可以构建智能生产监控系统，实现对生产过程的可视化管理。通过数据分析，企业可以精准定位生产问题，优化生产流程，提高生产效率。同时，物联网技术还可以帮助企业实现设备的远程监控和维护，降低设备故障率，延长设备使用寿命。此外，物联网技术还可以与生产管理系统相结合，实现生产计划的智能调度和优化。通过实时采集生产数据，企业可以更加准确地预测生产需求，合理安排生产计划，避免生产过剩或不足的情况。

一、实时生产监控系统的架构与实现

在传统制造业中，构建实时生产监控系统是物联网应用的关键环节。物联网传感器网络的部署是系统的基础，需根据生产设备的分布和生产流程的特点进行合理规划。例如，在流水线上，要在关键工序和设备上安装传感器，以全面捕捉生产数据。数据采集逻辑遵循从设备端到边缘节点再到云端的路径。设备端的传感器实时收集温度、压力、振动等数据，边缘节点对数据进行初步处理和筛选，减少数据传输量，最后将处理后的数据上传至云端。实时反馈机制确保了生产过程的动态调整。当传感器检测到异常数据时，系统会立即发出警报，并将相关信息反馈给操作人员和管理人员。操作人员可以根据反馈及时调整设备参数，管理人员则能从宏观层面优化生产计划。在硬件选型方面，要考虑传感器的精度、稳定性和耐用性，以及通信模块的传输速率和覆盖范围。通信协议的适配也至关重要，不同的设备和系统可能采用不同的协议，如 Modbus、MQTT 等，需要确保它们之间能够无缝通信，以实现数据的准确传输和共享。

二、基于物联网的设备状态预测性维护

基于物联网的设备状态预测性维护依赖于对设备运行数据的有效建模和故障预警算法的精准应用。设备运行数据建模方法通常采用机器学习和深度学习技术。通过收集设备的历史运行数据，包括温度、转速、功率等多维度信息，构建数据模型。例如，使用时间序列分析方法，对设备的运行状态进行预测。故障预警算法则基于模型的输出，设定合理的阈值。当设备的运行数据超出阈值时，系统自动发出预警。常见的故障预警算法包

括基于规则的算法和基于机器学习的算法。基于规则的算法根据设备的物理特性和经验设定规则，而基于机器学习的算法则通过对大量故障数据的学习，自动发现故障模式。在维护成本与效率的平衡方面，需要综合考虑设备的重要性、故障概率和维护成本。对于关键设备，可以采用更频繁的监测和预防性维护策略；对于非关键设备，则可以适当降低维护频率，以降低成本。同时，通过优化维护计划和资源分配，提高维护效率。

三、智能工厂的实时数据驱动模式

物联网支持的设备互联是智能工厂实时数据驱动模式的基础。在智能工厂中，各种设备通过物联网技术连接在一起，形成一个庞大的设备网络。这些设备可以实时采集和传输数据，实现设备之间的信息共享和协同作业。基于设备互联所产生的海量数据，智能工厂能够实现生产决策的优化。通过对生产数据的实时分析，企业可以及时了解生产进度、质量状况、设备运行状态等信息，从而做出更加科学合理的生产决策。比如，根据实时生产数据预测订单交付时间，合理安排生产计划；根据设备运行数据提前安排设备维护，避免设备故障对生产造成影响。数据采集与边缘计算的技术架构是实现智能工厂实时数据驱动模式的关键。数据采集层通过各种传感器和智能设备采集生产过程中的各种数据，包括设备状态、工艺参数、质量检测结果等。边缘计算层则在靠近数据源的地方对采集到的数据进行初步分析和处理，过滤掉无用的数据，减少数据传输量，提高数据处理效率。

四、供应链全流程可视化与资源优化

智能仓储与物流追踪系统是实现供应链全流程可视化的核心。在智能仓储方面，通过物联网技术，仓库中的货物可以实现实时定位和管理。传感器可以实时监测货物的存储状态、库存数量等信息，管理人员可以通过手机或电脑随时随地查看仓库情况。例如，在一个大型物流仓库中，利用RFID技术对货物进行标识，通过物联网实时追踪货物的位置和状态，提高了仓储管理的效率和准确性。

物流追踪系统则可以实时跟踪货物的运输过程。通过在运输车辆、集装箱等设备上安装传感器和定位装置，企业可以实时了解货物的运输位置、运输状态等信息。这不仅可以提高物流运输的安全性和可靠性，还可以优化物流路线，降低物流成本。

跨产业链数据协同虽然能够带来诸多好处，但也面临着一些挑战。例如，不同企业之间的数据标准不一致，导致数据难以共享和整合；数据安全和隐私问题也是企业担心的重点。为了解决这些问题，需要建立统一的数据标准和规范，加强数据安全管理。同时，政府和行业协会可以发挥引导作用，推动跨产业链数据协同的发展。

在柔性生产需求方面，供应链全流程可视化与资源优化能够更好地满足企业的需求。企业可以根据市场需求的变化，实时调整生产计划和供应链策略。例如，当市场对某种产品的需求突然增加时，企业可以通过供应链可视化系统，及时了解原材料的库存情况和供应商的生产能力，快速调整采购计划和生产安排，实现柔性生产。

五、能源管理与碳排放智能监控

物联网在能耗监测方面具有显著优势。通过在企业的各种能源设备上安装传感器，如电表、水表、气表等，可以实时采集能源消耗数据。这些数据被传输到能源管理系统中，进行分析和处理。企业可以通过能源管理系统实时了解能源消耗情况，发现能源浪费的环节，并采取相应的措施进行优化。在绿色工艺方面，物联网可以为企业提供数据支持。通过对生产过程中的各种数据进行分析，企业可以优化生产工艺，降低能源消耗和污染物排放。碳足迹追溯技术的实现主要依靠物联网和区块链技术。物联网负责采集生产过程中的各种数据，包括原材料采购、生产加工、运输销售等环节的碳排放数据。区块链技术则可以确保这些数据的真实性和不可篡改。通过碳足迹追溯系统，企业可以清晰地了解产品的碳排放情况，向消费者提供准确的碳足迹信息，增强企业的社会责任感和市场竞争力。从政策导向来看，政府对企业的节能减排和碳排放管理越来越重视。出台了一系列相关政策，鼓励企业采用物联网等技术进行能源管理和碳排放监控。企业也积极响应政策要求，加大在这方面的投入。

六、预测性维护与设备全生命周期管理

传感器网络支持的故障预警机制是预测性维护的核心。在工业设备上安装大量的传感器，实时采集设备的运行数据，如温度、振动、压力等。通过对这些数据的分析和处理，可以及时发现设备的潜在故障，并提前发出预警信号。数字孪生技术在设备健康管理中发挥着重要作用。数字孪生是指通过建立物理设备的虚拟模型，实时反映物理设备的运行状态。通过对虚拟模型的分析和模拟，可以预测设备的故障发生时间和发展趋势，为设备的维护和管理提供决策支持。

第二节　大数据分析在传统制造业中的作用

一、大数据分析在能耗管理与预测中的作用

大数据分析是指对规模巨大的数据进行采集、存储、管理和分析的技术。在制造业中，大数据分析技术能够帮助企业深入挖掘生产数据中的价值，为能耗管理与预测提供科学依据。大数据分析在传统制造业的能耗管理与预测方面发挥着重要作用。通过采集和分析生产过程中的能耗数据，企业可以了解设备的能耗情况，发现能耗异常和浪费现象，从而采取相应的节能措施。大数据分析还可以帮助企业建立能耗预测模型，根据历史数据和实时数据预测未来的能耗趋势。这有助于企业提前制定节能计划，优化能源使用，降低生产成本。同时，大数据分析还可以为企业的能源管理提供科学依据，推动企业的绿色发展。

（一）能耗数据采集与多源异构数据处理

在制造业能耗管理中，能耗数据采集是基础，而工业设备能耗特征提取技术是关键。不同类型的工业设备具有独特的能耗模式，如电机设备的能耗与负载、转速相关，加热设备的能耗受温度控制策略影响。通过对设备的运行参数、工作时间、功率等数据进行采集和分析，能够提取出反映设备能耗特征的关键指标。例如，利用功率曲线分析设备在不同工况下的能耗波动情况，识别出高能耗时段和低能耗时段。

多源异构数据处理是能耗管理的重要环节。工业生产中的能耗数据来源广泛，包括传感器、电表、控制系统等，数据格式和类型各不相同。数据清洗是去除噪声、异常值和重复数据的过程，以保证数据的准确性和可靠性。标准化流程则是将不同格式和类型的数据转换为统一的格式，便于后续的分析和处理。例如，将不同传感器采集的模拟信号转换为数字信号，并进行归一化处理。

（二）基于机器学习的能耗预测模型

时间序列预测算法在制造业能耗预测中具有重要的应用价值。LSTM（长短期记忆网络）是一种递归神经网络，能够处理序列数据中的长期依赖关系。它通过门控单元来控制信息的流动，有效地捕捉能耗数据的时间特征。在训练过程中，LSTM根据历史能耗数据学习能耗的变化规律，从而对未来的能耗进行预测。Prophet是一种基于加法模型的时间序列预测模型，能够处理季节性、趋势性和节假日等因素。Prophet模型通过对历史数据的拟合，自动识别出数据中的趋势和季节性模式，并进行预测。对比两种算法，LSTM在处理复杂的非线性时间序列数据时具有优势，误差率相对较低，但训练时间较长，计算资源需求较大。Prophet模型则具有简单易用、训练速度快的特点，适用于对预测精度要求不是特别高的场景。

（三）能效优化决策支持系统设计

数据驾驶舱是能效优化决策支持系统的核心。它通过可视化界面展示能耗数据、设备状态和能效指标等信息，为管理人员提供直观的决策依据。数据驾驶舱可以实时监控能耗情况，发现异常能耗时及时发出警报。动态调整策略是根据实时数据和预测结果，对生产过程中的能耗进行优化。例如，根据设备的能耗预测，调整设备的运行参数和生产计划，以降低能耗。同时，系统可以根据能源价格的波动，合理安排能源的使用时间，实现能源成本的最小化。系统部署后的节能效益量化评估方法是衡量系统有效性的重要手段。可以通过对比系统部署前后的能耗数据，计算出节能率和节能成本。同时，考虑生产效率和产品质量的影响，综合评估系统的经济效益和环境效益。

二、大数据分析驱动制造业智能化升级

（一）生产流程实时监控与优化

在传统制造业中，实现生产流程的实时监控与优化是迈向智能化升级的关键一步。传感器数据采集是这一过程的基础，大量的传感器被部署在生产线上的各个关键节点，如机器设备、传输带等位置。这些传感器如同敏锐的"触角"，能够实时捕捉设备的运行参数，如温度、压力、转速等，以及生产过程中的各类数据，如物料流量、加工时间等。采集到的数据会被迅速传输至数据分析系统，通过对这些数据的实时分析，生产线可以实现动态调整。例如，当传感器检测到某台设备的温度异常升高时，系统会自动发出警报，并根据预设的规则调整设备的运行参数或暂停生产，以避免设备损坏和产品质量问题。同时，数据分析系统还可以根据生产进度和订单需求，动态调整生产线的节奏，实现资源的最优配置。

为了更准确地预测设备状态，企业会构建设备状态预测模型。这一模型通常基于历史数据和机器学习算法，通过对设备运行数据的深度挖掘，识别出设备故障的潜在特征和规律。例如，通过分析设备的振动频率、噪声水平等数据，预测设备可能出现的故障类型和时间，提前安排维护计划，减少设备停机时间。

（二）质量缺陷溯源与工艺参数调优

产品全生命周期质量数据追踪技术是确保产品质量的重要手段。从原材料采购、生产加工到产品销售和售后服务，每一个环节的数据都会被记录和跟踪。通过建立完善的质量数据管理系统，企业可以实现对产品质量的全程追溯。

统计建模与机器学习在缺陷预测中发挥着重要作用。通过对大量历史质量数据的分析，建立统计模型，识别出与产品缺陷相关的关键因素。同时，利用机器学习算法，如神经网络、决策树等，对产品质量进行预测。例如，在电子产品生产中，通过对电路板焊接工艺参数和产品测试数据的分析，预测产品出现焊接缺陷的概率，提前采取措施进行预防。

工艺参数优化逻辑可以分为以下几个步骤：首先，收集产品质量数据和工艺参数数据，建立两者之间的关联模型。然后，通过数据分析找出影响产品质量的关键工艺参数。接着，利用优化算法对这些关键工艺参数进行调整和优化，以提高产品质量。最后，将优化后的工艺参数应用到实际生产中，并持续监测产品质量，不断进行调整和改进。

（三）能源消耗动态建模与减排决策

设备级能耗监测网络架构是实现能源消耗动态建模的基础。在制造企业中，每一台设备都安装有智能电表，用于实时监测设备的能耗情况。这些智能电表通过网络与边缘计算设备相连，边缘计算设备对采集到的能耗数据进行初步分析和处理，然后将数据传输至中央服务器。中央服务器对整个企业的能源消耗数据进行综合分析和建模，实现对能源消耗的实时监控和预测。

碳排放因子库构建方法是根据不同的能源类型、生产工艺和设备特点，确定相应的碳排放因子。通过收集和整理大量的能源消耗数据和碳排放数据，建立碳排放因子数据库。在进行能源消耗和碳排放分析时，可以根据实际情况从数据库中选取合适的碳排放因子，计算出企业的碳排放总量。

三、数据驱动的供应链协同创新

（一）物料需求预测与库存动态管理

多维度供应链数据融合算法是实现物料需求精准预测的核心。该算法整合了来自销售订单、生产计划、市场趋势、供应商交货时间等多个维度的数据。通过对这些数据进行清洗、转换和关联分析，挖掘出数据之间的潜在关系和规律。例如，结合历史销售数据和市场调研信息，预测不同季节、不同地区的产品需求变化；根据供应商的交货历史和产能情况，预估原材料的供应稳定性。

安全库存动态计算模型则根据物料需求的不确定性和供应的波动性，实时调整安全库存水平。该模型考虑了需求预测的误差、供应商的交货延迟风险等因素，通过设定合理的安全系数，确保在意外情况下仍能满足生产需求。当需求波动较大或供应商交货不稳定时，适当提高安全库存；反之，则降低安全库存，以减少库存成本。

（二）供应商绩效画像与风险评估

采购数据清洗是构建供应商绩效评价指标体系的基础。在实际采购过程中，数据往往存在不完整、不准确、不一致等问题。通过数据清洗，去掉重复、错误和无效的数据，对缺失的数据进行补充和修正，确保数据的质量和可靠性。评价指标体系构建则从多个方面对供应商进行全面评估，包括产品质量、交货期、价格、服务等。通过设定合理的权重，将各项指标量化为综合得分，为供应商进行绩效画像。例如，产品质量可以通过合格率、退货率等指标来衡量；交货期可以通过准时交货率、交货延迟天数等指标来评估。

关联规则挖掘在供应商协同中发挥着重要作用。通过对采购数据的挖掘，发现供应商之间的潜在关联关系。如某些供应商的产品质量和交货期存在正相关关系，某些供应商的价格和服务水平存在负相关关系。利用这些关联规则，企业可以优化供应商选择和合作策略，提高供应链的协同效率。

（三）物流路径智能规划与碳足迹追踪

GPS（Global Positioning System，全球定位系统）与 GIS（Geographic Information System，地理信息系统）数据在运输优化中具有重要的应用价值。GPS 可以实时获取运输车辆的位置、速度、行驶方向等信息，GIS 则可以提供详细的地理信息和地图数据。通过将两者结合，物流企业可以实现对运输路线的实时监控和智能规划。例如，根据实时交通状况和道路信息，选择最优的运输路线，避开拥堵路段，减少运输时间和成本。同时，还可以对运输车辆进行调度和管理，提高车辆的利用率。

区块链技术在碳数据存证中发挥着关键作用。区块链技术具有去中心化、不可篡改、可追溯等特点，能够确保碳数据的真实性和可靠性。物流企业可以将运输过程中的碳排放量数据记录在区块链上，形成不可篡改的碳数据账本。这些数据可以作为企业碳减排的证明，也可以为政府和监管机构提供准确的碳数据统计。

与传统物流模式相比，智能物流模式具有以下显著差异：第一，决策依据。传统物流模式主要依靠经验和人工判断进行路线规划和车辆调度，而智能物流模式则基于实时的 GPS 和 GIS 数据，通过算法进行智能决策，提高了决策的科学性和准确性。第二，运输效率。传统物流模式容易受交通拥堵、道路状况等因素的影响，运输效率较低。智能物流模式可以实时调整运输路线，避开拥堵路段，大大提高了运输效率。第三，碳减排效果。传统物流模式缺乏对碳排放量的有效监测和管理，碳减排效果不明显。智能物流模式通过优化运输路线和车辆调度，减少了能源消耗和碳排放，同时利用区块链技术实现了碳数据的存证和追溯，有助于推动物流行业的绿色发展。

四、制造服务化转型中的数据价值挖掘

（一）客户需求图谱构建与产品迭代

在制造服务化转型中，构建客户需求图谱并实现产品迭代至关重要。社交媒体数据爬取与情感分析技术是构建需求图谱的有力工具。借助网络爬虫技术，企业可以从各大社交媒体平台、电商评论区等渠道收集海量的客户言论和反馈信息。这些数据包含了客户对产品的使用体验、期望和不满等多方面内容。情感分析技术则能进一步挖掘这些文本数据背后的情感倾向，判断客户是满意、中立还是不满。通过对大量数据的分析和整合，企业可以精准地了解客户的需求痛点和偏好趋势，从而构建出详细的客户需求图谱。需求热度预测模型基于历史数据和市场动态，对不同需求的热度变化进行预测。它综合考虑季节因素、行业趋势、技术发展等多方面因素，帮助企业提前布局产品研发和生产。

（二）设备远程运维与增值服务创新

物联网数据实时传输与故障诊断算法是设备远程运维的核心。在工程机械行业，大量的设备安装了物联网传感器，这些传感器能够实时采集设备的运行状态数据，如温度、压力、振动等，并通过网络将数据传输到远程监控中心。故障诊断算法对这些实时数据进行分析和处理，通过与正常运行数据进行比对，识别设备是否存在故障隐患。一旦发现异常，系统会立即发出警报，并提供故障诊断结果和维修建议。AR 技术在维修指导中的应用为设备运维带来了新的变革。维修人员可以通过 AR 设备获取设备的三维模型和维修手册，同时远程专家可以通过 AR 技术实时指导维修人员进行操作，这种方式可以提高维修效率和准确性。

（三）产品碳标签计算与绿色认证

生命周期评价（LCA）数据库建设是产品碳标签计算的基础。该数据库收集了产品从原材料采购、生产加工、运输销售到使用回收等整个生命周期过程中的能源消耗、碳排放等数据。通过对这些数据的分析和计算，可以准确得出产品的碳排放量，为产品碳标签的制定提供科学依据。碳足迹可视化平台开发则将产品的碳足迹以直观的方式展示给消费者和企业。消费者可以通过扫描产品上的碳标签，在平台上查看产品的详细碳足迹信息，了解产品的环境影响。企业也可以通过平台对自身产品的碳排放情况进行监测和管理，制定减排策略。

第三节 人工智能在传统制造业中的应用

人工智能是新一轮科技革命和产业变革的重要驱动力量，是研究、开发用于模拟、延伸和扩展人的智能的理论、方法、技术及应用系统的一门新的技术科学。在传统制造业迈向绿色转型的进程中，人工智能技术正发挥着核心作用，尤其体现在生产流程优化、质量控制、设备维护、供应链管理和产品设计创新等关键环节。

一、人工智能在传统制造业绿色转型中的作用

（一）生产流程优化

人工智能凭借强大的数据分析和先进算法，为传统制造业生产流程的优化带来了质的飞跃。通过对生产过程中产生的海量数据进行深度挖掘和分析，人工智能能够精准识别出生产流程中的瓶颈环节和潜在问题。例如，它可以分析设备运行参数、原材料供应情况、人员操作效率等多方面的数

据,找出影响生产效率和质量的关键因素。基于这些分析结果,人工智能算法能够制定出最优的生产计划和调度方案,实现生产资源的合理配置和高效利用。

(二)质量检测与控制

人工智能在质量检测领域发挥着至关重要的作用,机器视觉检测技术便是其中的典型代表。机器视觉检测系统利用高速摄像机和先进的图像处理算法,能够快速、准确地识别产品表面的缺陷、尺寸偏差等质量问题。与传统的人工检测方式相比,机器视觉检测具有更高的精度和效率,能够实现 24 小时不间断的检测工作。此外,人工智能还可以通过对大量检测数据的学习和分析,不断优化检测模型,提高检测的准确性和可靠性。例如,在电子芯片制造过程中,机器视觉检测系统能够检测出微米级的缺陷,大大提高了产品的良品率。这种应用不仅提高了产品质量,还降低了人工检测的成本和误差,为企业带来了显著的经济效益。

(三)设备维护

人工智能实现设备预测性维护的核心在于对设备运行数据的实时监测和分析。通过在设备上安装各种传感器,收集设备的温度、振动、压力等运行参数,并利用人工智能算法对这些数据进行建模和分析,能够提前预测设备可能出现的故障和异常情况。在设备出现故障之前,系统会及时发出预警,提醒维修人员进行预防性维护,从而避免设备突然停机带来的损失。

(四)供应链管理

人工智能在供应链管理中的应用十分广泛,涵盖了需求预测、库存管理等多个方面。在需求预测方面,人工智能可以分析历史销售数据、市场趋势、季节因素等多维度信息,准确预测未来的市场需求。这有助于企业合理安排生产计划,避免库存积压或缺货现象的发生。在库存管理方面,人工智能能够根据需求预测结果和实时库存水平，动态调整库存策略，实现库存的最优控制。

（五）产品设计创新

人工智能为产品设计带来了全新的思路和方法，极大地提高了设计效率和创新性。在产品设计过程中，人工智能可以通过对大量设计案例和用户需求数据的学习，为设计师提供灵感和建议。此外，人工智能还可以模拟产品的性能和使用场景，帮助设计师提前发现设计中的问题并进行改进。一些先进的人工智能设计软件还具备自动生成设计图纸和模型的功能，大大缩短了设计周期。通过这些方式，人工智能辅助产品设计能够让企业更快地推出满足市场需求的创新产品，提升企业的竞争力。

二、人工智能在质量控制方面的理论与实践

在制造业中，人工智能技术被广泛应用于质量控制领域，以提高产品质量和生产效率。人工智能技术在传统制造业的质量控制方面具有丰富的理论和实践价值。通过应用机器学习、深度学习等人工智能技术，企业可以实现对生产过程的智能监控和质量预测。在质量控制方面，人工智能技术可以帮助企业建立质量预测模型，根据生产数据预测产品的质量情况。这有助于企业及时发现质量问题，采取相应的纠正措施，提高产品质量和客户满意度。同时，人工智能技术还可以帮助企业实现质量数据的自动化分析和处理，提高质量检测效率和准确性。此外，人工智能技术还可以与生产管理系统相结合，实现质量控制的智能化管理。通过智能调度和优化，企业可以更加高效地管理生产过程和质量控制流程，提高生产效率和产品质量。

（一）计算机视觉在缺陷检测中的突破

在制造业质量控制中，计算机视觉技术凭借高精度图像识别算法实现了缺陷检测的重大突破。以 YOLO（You Only Look Once）和 U-Net 为例，

对其进行工业适配改造是发挥其效能的关键。YOLO算法以其快速的检测速度著称，在工业场景中，为了提高其对特定缺陷的识别精度，需要对模型进行微调。通过收集大量工业产品的缺陷图像数据，重新训练模型的分类器和回归器，使其能够准确识别不同类型的缺陷。同时，针对工业生产环境的复杂性，优化模型的特征提取层，增强其对不同光照、角度和尺度下缺陷的鲁棒性。U-Net算法在语义分割方面表现出色，适用于对缺陷的精确分割和定位。在工业适配中，对U-Net的网络结构进行调整，增加或减少卷积层和池化层的数量，以适应不同分辨率的工业图像。此外，引入注意力机制，使模型更加关注缺陷区域的特征，提高分割的准确性。

光照条件与材料反光问题是计算机视觉在工业应用中的常见挑战。为了解决光照问题，可以采用多光源照明系统，通过调整光源的角度和强度，减少阴影和反光的影响。同时，利用图像预处理技术，如直方图均衡化、滤波等，增强图像的对比度和清晰度。对于材料反光问题，可以使用偏振滤光片或漫反射材料，降低反光对图像质量的干扰。

（二）智能质检系统的全流程优化

智能质检系统的全流程优化涵盖了从数据标注、模型训练到产线集成的全生命周期管理。数据标注是模型训练的基础，高质量的数据标注能够提高模型的准确性和泛化能力。在数据标注过程中，采用专业的标注工具和规范的标注流程，确保标注的准确性和一致性。同时，引入主动学习策略，优先标注对模型性能提升最有帮助的数据，提高标注效率。

模型训练是智能质检系统的核心环节。选择合适的深度学习框架和算法，如卷积神经网络（CNN），根据标注好的数据进行模型训练。在训练过程中，采用数据增强、正则化等技术，防止模型过拟合，提高模型的泛化能力。同时，利用分布式训练和迁移学习等方法，加速模型的训练过程。

产线集成是将智能质检系统应用到实际生产中的关键步骤。在产线集成过程中，需要考虑系统与生产设备的兼容性和协同工作能力。通过接口开发和数据交互，实现智能质检系统与生产设备的无缝对接。

人机协作质检模式在智能质检系统中具有显著优势。人工质检员可以利用其丰富的经验和判断力，对智能质检系统检测出的疑似缺陷进行最终确认。同时，人工质检员的反馈可以用于模型的持续优化，提高系统的检测精度和可靠性。这种人机协作的模式既发挥了人工智能的高效性，又利用了人类的智慧，实现了质量控制的最佳效果。

（三）AI 质检系统的容错机制与可靠性验证

AI 质检系统的容错机制与可靠性验证是确保系统稳定运行的关键。误检率/漏检率控制策略是容错机制的重要组成部分。为了降低误检率，可以采用多模型融合的方法，将多个不同的检测模型进行集成，通过投票或加权平均的方式得出最终的检测结果。同时，设置合理的置信度阈值，对检测结果进行筛选，减少误检的发生。

为了降低漏检率，应不断扩充训练数据，特别是包含各种罕见缺陷的样本，以提高模型的泛化能力。同时，采用主动学习和持续学习机制，及时更新模型，使其能够适应新出现的缺陷类型。持续学习机制设计是保证系统可靠性的重要手段。通过实时收集生产线上的新数据，对模型进行在线更新和优化。同时，建立反馈机制，将人工质检员的判断结果反馈给模型，进行有监督的学习，不断提高模型的性能。结合 ISO 标准要求论证系统稳定性是必要的。ISO 标准对产品质量和检测系统的可靠性有明确的规定。AI 质检系统需要满足 ISO 标准中的相关要求，如检测精度、重复性、稳定性等。通过定期的校准和验证，确保系统的性能符合 ISO 标准，从而保证系统长期运行的可靠性和稳定性。

第四节 云计算与边缘计算在传统制造业中的应用

云计算（Cloud Computing）是分布式计算的一种，指的是通过网络"云"将巨大的数据计算处理程序分解成无数个小程序，然后，通过多部服务器组成的系统对这些小程序进行处理和分析以得到结果并返回给用户。云计算早期，简单地说，就是简单的分布式计算，解决任务分发，并进行计算结果的合并。因而，云计算又称为网格计算。通过这项技术，可以在很短的时间内（几秒钟）完成对数以万计的数据的处理，从而达到强大的网络服务。[1] 边缘计算（Edge Computing）是指在靠近物或数据源头的网络边缘侧，融合网络、计算、存储、应用核心能力的开放平台，就近提供边缘智能服务，以满足行业数字化在敏捷连接、实时业务、数据优化、应用智能、安全与隐私保护等方面的关键需求。[2] 在当今快速演变的制造业环境中，数智化技术的引入为传统制造业带来了前所未有的变革。其中，云计算与边缘计算作为两大关键技术，正逐步渗透并重塑着制造业的生产流程和管理模式。

云计算与边缘计算在传统制造业的资源调度与远程协作方面具有显著优势。云计算技术可以帮助企业实现计算资源的集中管理和高效利用，降低IT成本，提高资源利用率。同时，云计算技术还可以为企业提供强大的数据存储和处理能力，支持企业的数字化转型和智能化升级。边缘计算技术则可以在靠近数据源的位置提供实时数据处理和分析能力，降低数据传输延迟和带宽消耗。这有助于企业实现生产过程的实时监控和优化，提高生产效率和响应速度。在资源调度方面，云计算与边缘计算技术可以帮助企业实现计算资源的智能调度和优化。根据生产需求和数据特点，企业可以灵活选择云计算或边缘计算资源，实现计算资源的高效利用和成本控制。在远程协作方面，云计算与边缘计算技术可以为企业提供安全、可靠的远程访问和协作能力。通过云平台和边缘设备，企业可以实现跨地域、跨组织的远程协作和数据共享，提高协作效率和响应速度。这有助于企业打破地域限制，实现全球化生产和协作。

---

[1] 许子明，田杨锋.云计算的发展历史及其应用［J］.信息记录材料，2018，19(8)：66-67.
[2] 魏学将，王猛，李文锋.智慧物流信息技术与应用［M］.北京：机械工业出版社，2023：278.

一、技术架构的革新价值

（一）云边协同的基础逻辑

在工业 4.0 的大背景下，制造业正经历着前所未有的数字化变革，云计算与边缘计算的融合成为推动这一变革的关键力量。云计算是一种基于因特网的超级计算模式，它将成千上万台电脑和服务器连接成一片电脑云，让用户能够体验到强大的运算能力。而边缘计算则是在边缘侧布置数据计算功能，筛选过滤数据，拉近用户设备与数据的距离。

从数据处理逻辑上看，云计算与边缘计算具有很强的互补性。传统制造业在生产过程中会产生海量的数据，如一家智能工厂一天就可以产生 1PB 的数据。如果将这些海量的"边缘数据"全部传输到云端进行处理，对于任何企业的计算系统都会产生巨大压力。边缘计算的出现则很好地解决了这一问题，它将数据中心智慧算力向边缘侧延伸，在更靠近制造设备端部署边缘节点进行本地化的感知、决策、控制、分析一体化，可在降低网络需求的同时提高响应实时性。例如，在制造业中，边缘计算可以实现数据高速准确传输，减小对于网络的需求、降低延迟，有助于快速做出决策或者快速进行设备的维护管理。而云计算则可以对经过边缘计算筛选和处理后的数据进行进一步的分析和挖掘，提供更全面、深入的洞察和决策支持。

网络架构变革对制造业也产生了深远的影响。在传统的制造业网络架构中，数据通常是集中式处理的，这导致了数据传输延迟高、系统响应慢等问题。而云边协同的网络架构采用了集中式与分布式计算的协同机制，将部分计算任务迁移到边缘设备上，实现了数据的本地化处理和实时响应，同时也减轻了云端的计算负担。这种变革使得制造业能够更加灵活地应对市场变化和客户需求，提高生产效率和产品质量。

（二）算力资源分配方式转型

传统 IT 架构在制造业中的应用存在着诸多局限性。例如，传统的数字化升级方案需要组合 PLC、PC、SCADA 软件等多种不同领域功能的产品于同一系统中通过系统集成实现工业物联网方案，系统架构复杂，成本昂贵且面临极大安全风险。此外，传统 IT 架构的算力资源分配往往是固定的，难以根据实际需求进行灵活调整，导致资源利用率低下。

云端弹性扩展与边缘实时响应的组合优势则很好地弥补了传统 IT 架构的不足。云端具有强大的计算能力和存储能力，可以根据企业的需求进行弹性扩展，满足不同规模和复杂度的计算任务。而边缘设备则可以实时响应现场数据的变化，进行快速的决策和控制，提高生产过程的实时性和可靠性。

资源调度模型的演进路径也反映了算力资源分配方式的转型。从最初的静态资源分配模型到动态资源分配模型，再到现在的智能资源分配模型，资源调度的效率和灵活性不断提高。例如，通过引入人工智能和机器学习算法，智能资源分配模型可以根据实时的业务需求和资源使用情况，自动调整资源分配策略，实现资源的最优配置。

能耗优化也是算力资源分配方式转型的重要方面。在传统 IT 架构中，由于算力资源分配不合理，往往会导致能源的浪费。而云端弹性扩展与边缘实时响应的组合模式可以根据实际需求动态调整算力资源的使用，避免不必要的能源消耗。例如，在某制造业企业的实践中，通过采用云边协同的算力资源分配模式，实现了能源消耗的显著降低，同时提高了生产效率。

（三）数据主权管理新维度

在混合计算模式下，数据主权管理面临着新的挑战和机遇。由于数据在云端和边缘设备之间流动，如何确保数据的安全和隐私，以及如何平衡敏感数据本地化处理与全局数据云端沉淀之间的关系，成为企业需要解决的重要问题。

数据分级策略是解决这一问题的关键。企业可以根据数据的敏感程度和重要性，将数据分为不同的级别，并采取不同的处理和存储策略。对于敏感数据，如企业的核心技术、客户信息等，应采用本地化处理的方式，确保数据的安全性和隐私性。而对于全局数据，如生产统计数据、市场分析数据等，则可以沉淀到云端，以便进行更全面、深入的分析和挖掘。

为了实现敏感数据本地化处理与全局数据云端沉淀的平衡，企业需要建立完善的数据管理体系。例如，通过采用数据加密技术、访问控制技术等手段，确保敏感数据在传输和存储过程中的安全性。同时，企业还需要加强对数据的监控和审计，及时发现和处理数据安全问题。此外，企业还可以与云服务提供商建立合作关系，共同制定数据管理策略，确保数据的主权和安全。

二、生产流程的智能重构

（一）预测性维护体系构建

在传统制造业生产流程的智能重构中，预测性维护体系构建是关键一环，其中振动传感器与边缘计算网关的联动机制发挥着重要作用。

振动传感器是预测性维护体系的前端感知设备，它能够实时监测设备的振动情况。在工业生产中，许多设备在运行时会产生特定频率和幅度的振动，一旦设备出现故障或潜在问题，其振动特征就会发生变化。例如，在轴承运行过程中，正常状态下的振动较为平稳且频率固定。当轴承内部出现磨损、裂纹等问题时，振动的幅度会增大，频率也会发生改变。

边缘计算网关则是连接振动传感器和云端的桥梁。它接收振动传感器采集到的大量原始数据，并在本地进行初步的处理和分析。边缘计算网关具备一定的计算能力和存储能力，可以对数据进行实时筛选、过滤和特征提取。通过内置的算法模型，它能够快速判断设备是否存在异常振动，并将关键的特征数据传输到云端进行进一步分析。以轴承寿命预测为例，振动传感器持续监测轴承的振动信号，边缘计算网关对这些信号进行处理，提取出与轴承磨损相关的特征参数，如振动频率、振幅变化等。然后，将这些特征参数发送到云端。在云端，故障特征库发挥着重要作用。故障特征库是通过大量的历史数据和实验数据训练得到的，它包含了各种设备故障的特征模式。云端利用机器学习和深度学习算法，对边缘计算网关上传的特征参数与故障特征库进行比对和分析，从而预测轴承的剩余寿命和可能出现的故障类型。当预测到轴承可能出现故障时，系统会及时发出预警，提醒维护人员进行检修，避免因设备故障导致的生产中断和损失。

（二）实时质量控制闭环

在传统制造业生产流程的智能重构中，实时质量控制闭环是提升产品质量和生产效率的重要手段，而视觉检测系统与边缘 AI 推理的结合则是实现这一闭环的关键技术。

视觉检测系统是实时质量控制的前端检测设备，它利用摄像头等图像采集设备对产品进行拍照或扫描，获取产品的图像信息。在表面缺陷检测应用场景中，视觉检测系统可以快速、准确地检测出产品表面的划痕、裂纹、孔洞等缺陷。然而，传统的视觉检测系统在图像处理和分析方面存在一定的局限性，处理速度较慢，往往需要秒级的时间才能完成一次检测，无法满足高速生产线上实时检测的需求。

边缘 AI 推理的引入则极大地提升了图像处理的速度和效率。边缘 AI 推理是指在边缘设备上进行人工智能推理计算，无需将大量的图像数据传输到云端进行处理。通过在边缘设备上部署轻量级的 AI 模型，边缘 AI 推理可以在本地对图像数据进行实时分析和判断，将图像处理延时从秒级降低到毫秒级。

在表面缺陷检测应用中，视觉检测系统采集到产品的图像后，将其传输到边缘设备。边缘设备上的 AI 模型对图像进行快速分析，识别出图像中的缺陷特征，并根据预设的标准判断产品是否合格。如果检测到缺陷，系统会立即发出警报,并将缺陷信息反馈给生产控制系统,以便及时调整生产参数或进行产品剔除。这种实时反馈和调整机制形成了一个闭环的质量控制体系,确保了产品质量的稳定性和一致性。

(三)设备协同优化网络

在传统制造业生产流程的智能重构中,设备协同优化网络对于提高生产效率和物流管理水平至关重要。其中,AGV(Automated Guided Vehicle,自动导引车)调度系统和云端数字孪生系统是设备协同优化网络的重要组成部分。

AGV 调度系统是实现物料自动搬运和设备协同作业的关键。在传统的生产环境中,AGV 的路径规划往往是基于固定的地图和预设的规则,缺乏灵活性和实时性。而通过边缘节点,AGV 调度系统可以实现更加智能的路径规划。边缘节点部署在生产现场,能够实时获取 AGV 的位置、速度、负载等信息,以及生产环境中的障碍物、交通状况等数据。利用这些实时数据,边缘节点可以根据 AGV 的任务需求和当前环境状况,动态地为 AGV 规划最优路径。例如,当某条路径上出现障碍物或交通拥堵时,边缘节点可以及时调整 AGV 的行驶路线,避免 AGV 之间的碰撞和拥堵,提高物流运输的效率。

云端数字孪生则为全局物流优化提供了强大的支撑。数字孪生是指在虚拟空间中创建一个与物理实体完全对应的虚拟模型,通过实时数据交互,实现对物理实体的实时监测、分析和优化。在制造业中,云端数字孪生可以创建整个生产车间和物流系统的虚拟模型,将各个设备和物流环节的运行状态实时映射到虚拟模型中。通过对虚拟模型的分析和模拟,云端可以预测物流系统的运行趋势,发现潜在的问题和瓶颈,并提前制定优化策略。例如,通过对 AGV 运输路径和任务分配的模拟优化,云端可以合理调整 AGV 的调度计划,提高全局物流的效率和资源利用率。同时,云端数字孪生还可以为生产管理人员提供直观的可视化界面,方便他们实时监控和管理整个物流系统。

三、协同模式的创新实践

（一）混合云边架构设计

在制造业数字化转型进程中，混合云边架构设计是实现云计算与边缘计算协同的关键环节，其中数据分流规则与协议转换标准是核心要素。

数据分流规则决定了数据在云端和边缘端之间的流动方式。在制造业场景中，不同类型的数据具有不同的处理需求。例如，对于实时性要求极高的数据，如设备的实时运行状态数据，应优先在边缘端进行处理，以减少传输延迟，确保及时响应。而对于需要进行大规模分析和长期存储的数据，如生产统计数据、历史故障数据等，则应传输到云端进行处理和存储。通过合理的数据分流规则，可以充分发挥云计算和边缘计算的优势，提高系统的整体性能和效率。

协议转换标准是混合云边架构设计的重要组成部分。在制造业中，不同的设备和系统可能采用不同的通信协议，这给数据的交互和共享带来了困难。协议转换标准可以实现不同协议之间的转换，使得各种设备和系统能够无缝连接和协同工作。例如，通过采用统一的工业协议标准，可以实现不同厂家设备之间的数据互通，促进工业物联网的发展。

容器化部署为混合云边架构带来了更高的灵活性。容器是一种轻量级的虚拟化技术，它可以将应用程序及其依赖项打包成一个独立的单元，实现快速部署和迁移。在混合云边架构中，通过容器化部署，可以将应用程序灵活地部署在云端或边缘端，根据实际需求进行动态调整。例如，在生产高峰期，可以将部分计算任务迁移到云端，以提高系统的处理能力；而在生产低谷期，则可以将部分应用程序迁移到边缘端，以降低成本。

以汽车焊接生产线为例，在汽车焊接过程中，会产生大量的实时数据，如焊接电流、电压、温度等。通过混合云边架构设计，将这些实时数据在边缘端进行初步处理和分析，判断焊接质量是否合格。如果发现异常情况，边缘端可以立即发出警报，并采取相应的措施进行调整。同时，将部分数据传输到云端进行进一步的分析和挖掘，如对焊接工艺进行优化、预测设备故障等。通过容器化部署，可以根据焊接生产线的实际运行情况，灵活调整应用程序的部署位置，提高系统的灵活性和可靠性。

（二）微服务组件化开发

在工业 App 快速迭代的需求背景下，微服务组件化开发成为一种有效的解决方案，它采用边缘侧轻量化服务与云端重计算的协同开发模式。

工业 App 需要不断适应生产环境的变化和业务需求的更新，传统的单体应用开发模式难以满足快速迭代的要求。微服务组件化开发将应用程序拆分成多个独立的微服务，每个微服务都专注于特定的业务功能。在边缘侧，部署轻量化的微服务，这些微服务具有较小的体积和较低的资源消耗，能够在资源有限的边缘设备上快速运行。例如，边缘侧的微服务可以负责实时数据采集、简单的数据处理和本地控制等任务。

而云端则承担重要计算任务，如复杂的数据分析、机器学习模型训练等。云端具有强大的计算能力和存储能力，可以处理大规模的数据和复杂的算法。通过边缘侧和云端的协同，实现了数据的高效处理和应用的快速响应。

模块解耦是微服务组件化开发的重要特点，它带来了显著的维护效率提升。在传统的单体应用中，各个模块之间紧密耦合，一个模块的修改可能会影响其他模块，导致维护难度大。而在微服务架构中，每个微服务都是独立开发、部署和维护的，模块之间的耦合度低。当需要对某个功能进行修改或升级时，只需要对相应的微服务进行调整，不会影响其他微服务的正常运行。这大大缩短了开发和维护周期，提高了开发效率和系统的稳定性。例如，当需要对工业 App 的数据分析算法进行优化时，只需要对云端负责数据分析的微服务进行修改，而不会影响边缘侧的数据采集和控制微服务。

(三)安全防护体系构建

在混合计算环境中,安全防护至关重要,零信任架构的应用为保障系统安全提供了新的思路,边缘设备身份认证与云端威胁情报的联动机制是其重要组成部分。

零信任架构的核心思想是"默认不信任,始终验证"。在混合计算环境中,由于数据在云端和边缘设备之间频繁流动,传统的基于边界的安全防护策略已经难以满足安全需求。零信任架构不再区分内部网络和外部网络,对任何试图访问系统资源的用户、设备和应用程序都进行严格的身份验证和授权。无论是来自内部还是外部的访问请求,都需要经过多因素认证,如用户名、密码、令牌等,确保只有合法的用户和设备才能访问系统资源。

边缘设备身份认证是零信任架构的重要环节。边缘设备通常分布在生产现场,面临着更多的安全风险。通过对边缘设备进行身份认证,可以确保只有经过授权的设备才能接入系统。例如,采用数字证书、指纹识别等技术,对边缘设备的身份进行验证,防止非法设备的接入。

云端威胁情报的联动机制为系统安全提供了更全面的保障。云端可以收集和分析大量的安全数据,建立威胁情报库。当边缘设备检测到异常行为时,会及时将相关信息上传到云端。云端根据威胁情报库对这些信息进行分析和判断,确定是否存在安全威胁。如果存在威胁,云端会及时向边缘设备发送指令,采取相应的防护措施,如阻断网络连接、更新安全策略等。同时,云端还可以将新发现的威胁信息及时反馈给其他边缘设备,实现安全信息的共享和协同防护。例如,当云端发现一种新的网络攻击模式时,会及时通知所有边缘设备更新安全策略,防止类似攻击的发生。

四、实施路径与风险规避

（一）技术改造路线规划

在制造业数字化转型中，传统 PLC（Programmable Logic Controller，可编程逻辑控制器）设备改造是实现云计算与边缘计算融合应用的重要环节。传统 PLC 设备在工业自动化中广泛应用，但随着技术发展，其功能和性能逐渐难以满足现代生产需求。因此，对传统 PLC 设备进行改造具有重要意义。

传统 PLC 设备改造方案主要包括硬件升级和软件更新。硬件升级方面，可通过增加通信模块，使 PLC 设备具备与边缘计算网关或云端进行数据交互的能力。例如，采用以太网通信模块，实现 PLC 与网络的连接，方便数据的传输和共享。软件更新是对 PLC 的控制程序进行优化和扩展，使其能够支持更多的功能和协议。例如，引入新的算法和逻辑，提高设备的自动化控制水平。

新旧系统兼容性测试是确保改造成功的关键。在进行兼容性测试时，需要重点关注以下要点：一是通信协议的兼容性，确保新旧系统能够使用相同的协议进行数据通信；二是数据格式的一致性，保证数据在传输和处理过程中不会出现错误；三是功能的完整性，测试新系统是否能够完全替代旧系统的功能，并且不会对现有生产流程造成影响。

以纺织机械联网为例，其实施步骤如下：首先，对纺织机械的 PLC 设备进行硬件升级，安装通信模块，实现设备与网络的连接。其次，开发适配的边缘计算网关，对采集到的设备数据进行初步处理和分析。然后，建立云端平台，用于存储和管理大量的设备数据，并进行深度分析和挖掘。最后，进行系统集成和测试，确保纺织机械联网系统能够稳定运行。在实施过程中，要严格按照兼容性测试要点进行测试，及时发现和解决问题，确保改造的顺利进行。

（二）组织能力升级策略

在云计算与边缘计算融合应用于传统制造业的过程中，IT/OT（Information Technology/Operational Technology，信息技术/操作运营技术）团队融合面临着诸多挑战。IT 团队擅长信息技术和软件开发，而 OT 团队熟悉工业生产流程和设备操作。两者在工作方式、思维模式和专业知识上存在较大差异，导致团队之间沟通不畅、协作困难。

为了应对这些挑战，构建复合型人才培养体系至关重要。企业可以通过以下方法培养复合型人才：一是开展跨部门培训，让 IT 人员了解工业生产知识，让 OT 人员学习信息技术技能，促进知识的融合和共享；二是建立轮岗制度，让员工在不同部门工作，亲身体验不同岗位的工作内容和要求，增强团队之间的理解和协作；三是引入外部专家进行指导和培训，为员工提供最新的技术和理念。

敏捷开发流程改造是提升组织能力的有效手段。以某制造企业为例，该企业在实施云计算与边缘计算融合项目时，采用敏捷开发流程。项目团队由 IT 和 OT 人员共同组成，采用迭代式开发方法，快速响应需求变化。在每个迭代周期内，团队成员密切协作，共同完成需求分析、设计、开发、测试等工作。通过这种方式，项目的开发周期大幅缩短，产品质量得到显著提升，同时也增强了 IT/OT 团队之间的融合和协作能力。

（三）投资回报评估模型

为了评估云计算与边缘计算在传统制造业应用中的投资回报，需要建立一个包含多个维度的评估框架。该框架主要包括能耗节约、停机损失等。

能耗节约是评估投资回报的重要维度之一。云计算与边缘计算的融合应用可以实现设备的智能控制和优化运行，降低能源消耗。例如，通过实时监测设备的运行状态，调整设备的功率和运行参数，避免设备的空转和过度运行，从而节约能源成本。

停机损失也是评估的关键因素。在传统制造业中，设备故障和停机往往会导致生产中断，造成巨大的经济损失。采用云计算与边缘计算技术，可以实现设备的预测性维护，及时发现设备的潜在问题并进行维修，减少停机时间，降低停机损失。

三年期 ROI（Return on Investment，投资回报率）测算方法如下：首先，确定初始投资成本，包括硬件设备采购、软件系统开发、人员培训等费用。然后，预测未来三年的能耗节约和停机损失减少等收益。最后，根据 ROI 计算公式：ROI =（投资收益 - 投资成本）/ 投资成本 ×100%，计算出三年期的投资回报率。通过建立科学合理的投资回报评估模型，企业可以更好地评估项目的可行性和效益，为决策提供有力支持。

五、云计算平台在供应链协同中的应用

在制造业供应链协同中，云计算平台的多工厂资源池化调度算法发挥着关键作用。该算法旨在整合多个工厂的资源，实现资源的优化配置和高效利用。通过对各工厂的设备、人力、原材料等资源进行实时监控和数据采集，算法能够准确评估资源的可用性和需求情况。在资源调度过程中，算法根据订单需求、生产计划和资源状态，动态分配任务和资源。例如，当某个工厂的设备出现故障或产能不足时，算法可以迅速将部分任务转移到其他有空闲资源的工厂，确保生产的连续性和高效性。同时，算法还考虑到运输成本、交货时间等因素，以实现整体供应链的成本最小化和效益最大化。

数据安全传输与权限管理方案是云计算平台应用的重要保障。在数据传输方面，采用加密技术对数据进行加密处理，防止数据在传输过程中被窃取或篡改。同时，建立安全可靠的通信协议，确保数据的稳定传输。在权限管理方面，根据不同用户的角色和职责，分配不同的访问权限，严格控制数据的访问范围，保障数据的安全性和隐私性。

六、混合计算架构的部署策略选择

从成本、算力需求、数据敏感性三个维度建立评估矩阵，有助于企业选择合适的混合计算架构部署策略。对于小型企业，成本是首要考虑因素。由于小型企业的业务规模较小，算力需求相对较低，数据敏感性也不高，可以选择以边缘计算为主的架构。边缘计算设备成本较低，能够满足基本的实时处理需求，同时减少数据传输成本。中型企业的算力需求和数据敏感性适中，可以采用云边协同的混合计算架构。在这种架构下，边缘计算负责实时数据处理和本地控制，云计算负责数据存储、分析和决策支持。通过合理分配任务，既能满足实时性要求，又能充分利用云计算的强大算力。大型企业通常具有较高的算力需求和数据敏感性，对数据安全和隐私保护要求严格。因此，大型企业可以选择以云计算为主、边缘计算为辅的架构。云计算能够提供强大的计算资源和存储能力，满足大规模数据处理和分析的需求。同时，通过边缘计算进行数据预处理和本地控制，减少数据传输量，提高系统的安全性和可靠性。

第四章 传统制造业绿色转型的案例分析

本章聚焦于数智化技术在传统制造业绿色转型中的应用与实践，旨在探讨数智化技术如何驱动传统制造业实现节能减排、资源高效利用及生态环境保护的绿色发展目标。通过案例分析揭示数智引领下的绿色转型路径，并提出了相应的建议，以期为传统制造业的绿色升级提供理论支撑与实践指导。本章选取某些传统制造业企业作为案例，详细分析其数智引领下的绿色转型实践，为其他企业提供可借鉴的经验与启示。

第一节 纺织行业以数智化驱动的绿色生产实践

一、我国近代纺织业的发展历程

我国纺织业的发展历程是一部波澜壮阔的史诗，记录了从短缺困境到世界纺织强国的华丽蜕变。从1949年中华人民共和国成立至今，经过几代纺织人的艰苦创业、自力更生和创新开拓，纺织业不仅满足了人民的衣着需求，更在全球纺织产业中占据了举足轻重的地位。

（一）初创时期（1949—1977年）

1949年，中华人民共和国成立之初，纺织工业面临着严峻的挑战。当时，全国仅有500万锭处于30年代落后技术的棉纺加工能力，布的总产量不足19亿米，全国人民过着缺衣少被的生活。为了改变这一现状，国家迅速行动，1949年11月1日，纺织工业部正式挂牌成立，作为中华人民共和国成立后首批设置的五个工业部门之一，负责领导和推动纺织工业的发展。[①]

在初创时期，纺织工业取得了显著成就。1951年，我国纺机行业制造出第一批成套纺纱、织造设备，装备了新建的多家棉纺厂。同年，华东纺织工学院（东华大学前身）成立，标志着纺织工业开始重视人才培养。此外，"郝建秀工作法"的推广，提高了纺织工人的生产效率，为纺织工业的快速发展奠定了基础。

"一五"计划期间，纺织工业进行了大规模建设。国家计委和纺织工业部向党中央汇报的建设目标得到了毛主席的肯定，并指示扩大建设规模。在这一时期，纺织工业发展布局实行"大分散、小集中"的原则，建成了多个棉纺织工业基地，使纺织工业的生产能力得到了大幅提升。

（二）调整与发展时期（1978年—20世纪末）

1978年，党的十一届三中全会召开，中国开始实行对内改革、对外开放的政策。伴随着改革开放的春风，纺织工业迎来了新的发展机遇。这一时期，纺织工业进行了一系列调整与改革，逐步建立了社会主义市场经济体制框架下的纺织工业体系。1978年，香港企业家曹光彪在珠海建立了第一家"三来一补"企业——香洲毛纺厂，这种来料加工、来样加工、来件装配和补偿贸易的形式取得了良好的示范效应，并在全国范围内推广。这不仅促进了纺织工业的快速发展，还提高了我国纺织品的国际竞争力。

同时，纺织工业还积极引进国外先进技术和管理经验，提高了生产效率和产品质量。20世纪80年代，随着人民生活水平的提高和消费需求的多样化，纺织工业开始注重产品创新和品牌建设，涌现出了一批具有影响力的纺织企业和品牌。

---

① 中国纺织工业联合会.75年图强，75个瞬间——重走中国纺织工业追梦路［EB/OL］.（2024-10-08）［2025-03-14］.https://cntac.org.cn/zixun/hangye/202410/t20241012_4358566.html.

(三)跨越发展时期(21世纪初至今)

进入21世纪,中国纺织业继续保持强劲的发展势头。在全球纺织产业中,中国纺织业已经占据了举足轻重的地位。这一时期,纺织工业注重科技创新和绿色发展,推动了纺织产业的转型升级。在科技创新方面,纺织工业加大了对新材料、新技术、新工艺的研发力度,推动了纺织产品的智能化、功能化和个性化发展。同时,纺织工业还注重信息化与工业化的深度融合,提高了生产效率和管理水平。在绿色发展方面,纺织工业积极响应国家环保政策,加强了节能减排和资源循环利用工作。通过采用环保材料、优化生产工艺和推广清洁生产等方式,降低了纺织生产对环境的影响,实现了经济与环境的协调发展。此外,纺织工业还积极拓展国际市场,加强与国际纺织产业的交流与合作。通过参与国际竞争与合作,中国纺织业不仅提高了自身的国际竞争力,还为全球纺织产业的繁荣与发展做出了重要贡献。

二、纺织业的数字化、绿色化发展

纺织行业作为传统制造业的重要组成部分,一直以来面临着环境污染和资源浪费等挑战。然而,在数字化技术的推动下,纺织行业正逐步向绿色生产转型,实现了从原料采购、生产加工到产品销售等环节的数字化管理,有效提升了资源利用效率,减少了环境污染。

(一)数字化染整技术降低水耗与污染

染整工艺,就是运用染整技术将我们喜爱的花色及图案完美无缺地再现在白坯上,从而使织物更加富于艺术气息。该工艺主要包括生丝及织物的精炼、染色、印花和整理四道加工工序。染整环节是纺织生产中的能耗与污染大户,传统染整工艺往往伴随着大量的水资源消耗和废水排放。为了解决这一问题，纺织企业开始积极引入数字化染整技术，以实现节能减排和绿色生产。数字化染整技术主要依赖于先进的传感器、物联网、大数据分析以及人工智能等技术手段。下面是数字化染整技术的特点：

第一，精准配色与控制。数字化染整技术采用先进的配色软件和控制系统，能够根据客户需求实现精准配色，减少染料浪费。同时，通过精确控制染色过程中的温度、时间、pH 值等参数，确保染色质量的稳定性和一致性。

第二，节水与减排。通过采用高效节水设备、循环用水系统和废水处理技术，数字化染整技术能够显著降低水资源消耗和废水排放量。此外，利用先进的膜分离、生物降解等技术处理废水，还能实现废水的达标排放和循环利用。

第三，自动化与智能化。数字化染整技术将自动化生产线与智能控制系统相结合，实现了从原料投入到成品输出的全过程自动化。这不仅提高了生产效率，还降低了人工成本和安全风险。同时，通过大数据分析、人工智能等技术手段，对生产数据进行实时监控和分析，为优化生产流程和提升产品质量提供了有力支持。

（二）印染节水技术革新路径

纺织印染 V3.0 技术带来了印染节水技术的核心突破。其中，卜公茶皂素助剂的应用是一大亮点，它具有良好的乳化、分散等性能，能有效降低印染过程中对水的依赖，提高染料的上染率，减少水洗次数。同时，智能循环系统的引入，可对印染用水进行实时监测和处理，将符合要求的水重新回用到生产环节。传统印染工艺耗水量巨大，印染 1 吨纯棉纱线需耗水约 120 吨，其中染色环节用水占比高达 65%。[①] 而采用纺织印染 V3.0 技术后，水耗大幅降低。例如，上海金堂科技自主研发的纺织印染 V3.0 "零排放"工艺技术包通过新材料、新工艺与资源循环利用系统，实现了"高效、

---

① 陈思杰.以"含绿量"提升"含金量"，传统产业高质量发展迈出更大步伐 印染如何做到不用一滴水？［N］.中国水利报，2024-11-28（8）.

低碳、零污染"的三重突破：第一，技术革新。新材料、新工艺、新设备优化印染流程，处理效率提升30%，产品合格率提高至99.2%（传统合格率75%）；第二，低碳减排。废水零排放，水资源循环利用率达100%，碳排放下降40%以上；第三，经济赋能。综合成本下降30%以上，以年处理9 000万条毛巾的规模测算，年节约成本超720万元。[①]

（三）数字化污染治理体系构建

在废水监测方面，AIoT（人工智能物联网）与图像传感器发挥了重要作用。AIoT能够实时收集和分析废水的各项指标，图像传感器则可直观地检测废水中的杂质和污染物。基于这些技术，企业可以及时发现废水排放异常情况，采取相应措施。对于重金属回收，通过先进的吸附、沉淀等技术，可将废水中的重金属有效分离和回收利用，减少资源浪费和环境污染。在微塑料治理方面，采用过滤、膜分离等方法，去除废水中的微塑料颗粒。《中华人民共和国水污染防治法》等政策法规对废水排放标准的要求日益严格，促使企业加大污染治理投入。以江苏吴江化纤集群为例，在严格的政策监管下，集群内企业纷纷采用数字化污染治理体系。通过这些措施，该集群的废水排放达标率显著提高，水环境质量得到明显改善，实现了经济效益与环境效益的双赢。

（四）能源管理智能化升级

在当今这个注重效率和可持续发展的时代，热能与电力消耗的数字化监控方案显得尤为重要。通过部署一系列智能传感器和数据采集设备，能够实现对能源使用情况的实时监测。这些先进的设备能够不间断地收集数据，为系统提供详尽的能源消耗信息。系统利用这些数据，可以进行深入的分析，识别出能源浪费的关键环节，并基于分析结果提供切实可行的优

---

① 纺织服装周刊. 高阳县与上海金堂轻纺深化合作，共推纺织印染V3.0技术落地［EB/OL］. （2025-03-13）［2025-03-14］. http://www.taweekly.org/zhuankan/fcdt/202503/t20250313_4378144.html.

化建议。传统的能源管理模式主要依赖于人工巡检和基于经验的判断,这种方式往往难以实现对能源消耗的实时、精准管理。人工巡检不仅耗时耗力,而且由于人为因素的影响,很难保证数据的准确性和管理的连续性。而数字化监控方案的智能系统能够自动采集数据、分析问题,并根据分析结果自动进行调整。这种自动化的过程极大地提高了能源管理的效率,减少了人为错误的可能性,同时也为节能减排提供了强有力的技术支持。

三、数智化设计减少材料浪费

(一)智能排料与裁剪优化

AI驱动的裁片排版算法是智能排料与裁剪优化的核心。该算法通过先进的人工智能技术,对裁片的形状、大小和排列方式进行精确计算,实现了裁片之间间隙的精准控制。在传统排料方式中,由于人工操作的局限性,裁片之间往往会存在较大的间隙,导致面料浪费严重。而AI驱动的算法能够根据面料的纹理、图案和尺寸,自动调整裁片的排列,将间隙控制在最小范围内,从而显著提升面料利用率。例如,力克Versalis一体化裁剪,提高了多达10%的皮革利用率。与手动流程相比,先进的自动排料功能可节省多达10%的材料并降低错误率。[1]这不仅降低了企业的生产成本,还减少了对原材料的需求,具有显著的经济效益和环境效益。

此外,3D原型制作技术也为纺织行业带来了新的变革。通过创建虚拟的3D服装模型,设计师可以在电脑上进行款式设计、修改和展示,无需制作实物样品。这不仅节省了时间和材料成本,还促进了远程协作。设计师、生产商和客户可以通过网络实时共享3D原型,进行沟通和反馈,提高了设计效率和产品质量。

---

[1] 数据来源于LECTAR(力克)官网,网址:https://lectra.cn/furniture/versalis。

（二）供应链动态预测系统

大数据驱动的需求预测模型是供应链动态预测系统的关键。该模型通过收集和分析大量的市场数据、销售数据、客户反馈等信息，运用先进的数据分析算法，对市场需求进行精准预测。基于预测结果，企业可以合理安排生产计划、采购原材料和管理库存，从而提高库存周转率。库存周转率的提升机制在于，通过准确预测需求，企业可以避免过度生产和库存积压，减少库存占用的资金和仓储成本。同时，及时补货也能满足市场需求，提高客户满意度。例如，致景科技"百布"平台就是一个成功的案例。以客户主要来自快时尚品牌的伊卡瑞服饰为例，敏捷响应、柔性交付的生存法则决定了伊卡瑞服饰的客户口碑与行业信誉，其中的关键堵点就来自"找布"环节。传统的找布模式极度依赖人工，耗时长、准确度有限，与致景科技合作后，依托"AI+大数据+智能硬件"技术的对布机器人，对样布进行扫描就能迅速精准匹配对应的面料，伊卡瑞服饰的找布时间从以前的两三天缩短到现在的2分钟，找布效率提高300%。[①]

（三）循环经济模式实践

边角料回收再生技术是纺织行业循环经济模式的重要组成部分。目前，主要有物理法和化学法两种再生纤维工艺。物理法再生纤维工艺是将边角料进行清洗、开松、梳理等物理处理，使其重新成为可用于纺纱的纤维。这种方法工艺简单、成本较低，但再生纤维的质量相对较差，主要用于生产一些对质量要求不高的产品。化学法再生纤维工艺是通过化学反应将边角料分解成小分子，再重新合成新的纤维。这种方法可以生产出质量较高的再生纤维，但其工艺复杂、成本较高。

---

① 中国日报.致景科技以AI动能助推纺织服装行业"智变"[EB/OL].（2025-03-11）[2025-03-14].http://ex.chinadaily.com.cn/exchange/partners/82/rss/channel/cn/columns/sz8srm/stories/WS67d00325a310510f19eeafbc.html.

例如，盛虹新材料（宿迁）产业园依托全球领先的"瓶到丝"技术，每年可处理 300 多亿个塑料瓶，生产 60 万吨再生纤维，相当于减少原油消耗 120 万吨，降低二氧化碳排放 180 万吨，约占全国再生总产能的 40%，其产品差别化率达 90%，被阿迪达斯等国际品牌列为指定原料。并且通过"空气捕碳"技术，从空气中捕获二氧化碳，这些二氧化碳再通过各种化学反应，最终生产出聚酯纤维。[1]盛虹新材料通过先进的化学法再生工艺，将废弃塑料瓶转化为高品质的再生聚酯纤维。这些再生聚酯纤维不仅具有与原生聚酯纤维相似的性能，还具有环保、可持续的特点，受到了市场的广泛欢迎。再生聚酯纤维的应用，不仅减少了对石油资源的依赖，还降低了废弃物对环境的污染，实现了资源的循环利用和可持续发展。

四、数智化在纺织行业的应用

（一）智能制造工厂

智能制造工厂是数智化在纺织行业的重要体现。通过引入先进的自动化设备和智能化管理系统，纺织企业实现了生产流程的自动化、信息化和智能化。

在智能制造工厂中，从原料采购、纺纱、织布到成品加工，每一个环节都实现了自动化生产。智能机器人、自动化传输系统和智能检测系统等技术的应用，大大提高了生产效率和产品质量。同时，通过物联网技术，生产设备和系统能够实现互联互通，实时收集和分析生产数据，为企业的生产管理提供有力支持。此外，智能制造工厂还注重信息化和智能化的融合。通过建立生产管理系统、质量管理系统和供应链管理系统等信息化平台，企业能够实现对生产全过程的实时监控和管理。例如，魏桥纺织独立开发的 I3.0 智能管理系统，利用 5G 通信技术，实现了全流程数据的连接、质量检测数据的整合以及运营管理数据的关联，基本上达到了"无人化"

---

[1] 宿迁市人民政府. 科技赋能，纺织产业逐"绿"前行 [EB/OL].（2025-03-21）[2025-03-22]. http://suqian.gov.cn/cnsq/sqyw/202503/3514107bb6f64b04ae86141c43167ca8.shtml.

生产，技术水平处于国际前沿。通过智能管理系统的应用，魏桥纺织生产效率提高37.5%，万锭产品研发周期缩短35%，不良品率降低33%，半成品质量综合指标提高21%，能源利用率提高20.5%，万锭用工10人左右，用工减少80%。①

（二）零碳工厂建设探索

"零碳工厂"是在一定范围时间内从事生产、经营过程中直接或间接产生的温室气体排放总量为"零"的生产工厂，即从原料生产到废弃物处理的全生命周期生产过程中碳排放量为零。当前，纺织行业在零碳工厂建设方面已取得初步进展。一些领先企业开始探索清洁能源的使用，如太阳能、风能等，以减少对化石能源的依赖。同时，通过改进生产工艺，提高能源利用效率，降低能耗和碳排放。例如，鄂尔多斯集团构建的全生命周期碳管理体系覆盖了原材料采购、生产制造、产品销售及废弃物处理等环节的碳排放监测和管理。在生产过程中，该集团通过引入先进的节能减排技术，显著降低了能源消耗和温室气体排放，例如，生产加工环节的碳减排量同比下降超11%②。在工艺创新方面，羊绒吊染技术通过优化染色流程和设备，实现了节水50%的成效③。该技术通过提升染料吸收效率、减少水洗次数，不仅降低了水资源消耗，还提高了染色质量。

---

① 齐鲁壹点.无人车间、智能管理……纺织业长出"智慧大脑"[EB/OL]．(2024-12-11)[2025-04-01]．https://baijiahao.baidu.com/s?id=1818096606898201233&wfr=spider&for=pc．
② 中国纺织.鄂尔多斯公布羊绒衫全周期碳足迹，单件羊绒衫碳排放同比下降超2kg[EB/OL]．(2024-04-23)[2025-04-01]．https://mp.weixin.qq.com/s/F_MKYIO0mW9ayVFxFwyHdA．
③ 中国工业经济联合会.中国工业碳达峰优秀企业系列报道七十三：内蒙古鄂尔多斯投资控股集团有限公司——从牧场到市场，鄂尔多斯全产业链加快绿色低碳转型进程[EB/OL]．(2025-01-10)[2025-04-01]．http://www.cfie.org.cn/index/information/show/id/2637.html．

(三)数字孪生技术落地

在纺织机械运维中,人机协同制造模式借助数字孪生技术得到了有效应用。数字孪生通过创建与物理设备完全对应的虚拟模型,实时反映设备的运行状态。在运维过程中,操作人员可以通过虚拟模型对设备进行远程监控和诊断,提前发现潜在问题。同时,人工智能算法可以根据设备运行数据进行分析和预测,为维护人员提供精准的维护建议。数字孪生技术对工艺参数优化也具有重要作用。通过虚拟模型对不同工艺参数进行模拟和分析,企业可以找到最优的工艺方案。例如,在纺纱过程中,通过调整纺纱速度、张力等参数,提高纱线的质量和生产效率。同时,数字孪生还可以对生产过程进行实时优化,根据实际生产情况自动调整工艺参数,确保生产过程的稳定性和一致性。

(四)产业集群协同减排

纺织产业集群作为行业发展的重要载体,其绿色生产实践对于整个行业的转型升级具有重要意义。在数智化技术的推动下,越来越多的纺织产业集群开始探索协同减排的新模式。通过构建区域性的数智化能源管理平台,实现产业集群内企业间的能源信息共享与优化配置。此外,产业集群还通过推广先进的节能减排技术与设备,加强企业间的交流与合作,共同推动区域绿色生产水平的提升。这种协同减排的模式不仅有助于降低单个企业的减排成本,还能在区域内形成绿色生产的良性循环。

(五)产业互联网平台建设

产业互联网平台是数智化在纺织行业的重要支撑。通过构建产业互联网平台,纺织企业能够实现与供应链上下游企业的信息共享和协同合作,推动产业链的优化升级。在产业互联网平台的构建中,纺织企业需要建立统一的信息标准和数据接口，实现供应链上下游企业之间的信息共享和互联互通。通过平台的数据分析和挖掘功能，企业能够实时掌握市场动态和客户需求，为生产和销售提供有力支持。同时，产业互联网平台还能够为纺织企业提供协同设计和协同制造服务。通过平台上的协同设计工具和协同制造系统，企业能够实现与供应链上下游企业的协同合作，共同开发新产品和优化生产流程。这不仅提高了产品的创新能力和市场竞争力，还降低了研发和生产成本。此外，产业互联网平台还能够为纺织企业提供金融服务和物流服务。通过与金融机构和物流企业的合作，平台能够为企业提供融资支持、保险服务和物流配送等服务，为企业的生产经营提供全方位的保障。

五、结论

（一）技术融合发展趋势

AI、物联网与区块链的技术叠加，为纺织行业带来了前所未有的变革。AI赋予设备智能决策能力，物联网实现设备间的数据交互与共享，区块链则保障数据的安全与可信。三者融合，使纺织生产实现全流程的智能化与自动化，极大地提高了生产效率，降低了能源消耗与污染排放，从而推动了纺织行业碳排放强度持续下降。预计未来，随着技术的不断进步，纺织行业碳排放强度将呈阶梯式下降，逐步实现低碳甚至零碳生产。同时，标准化建设对绿色技术的推广至关重要。统一的标准能够规范企业的生产行为，降低技术的应用成本，加速绿色技术的普及，为行业的可持续发展奠定基础。

（二）政策与市场双轮驱动

ESG导向供应链对企业形成了强大的倒逼机制。这促使企业必须加快绿色转型，否则将失去市场份额。碳交易市场与排污权融资则为企业提供了新的发展机遇。企业通过节能减排获得多余的碳排放配额或排污权，可在市场上交易或用于融资，实现经济利益与环境效益的双赢。这种政策与市场的双轮驱动，将推动纺织行业加速向绿色、可持续方向发展。

（三）全球竞争力重构路径

中外纺织企业在数智化投入上存在明显差异，国外企业起步早、投入大，在技术和管理方面具有一定优势。国内企业要提升全球竞争力，可采取技术输出与标准制定的战略。一方面，将自主研发的先进技术推向国际市场，实现技术变现；另一方面，积极参与国际标准制定，掌握行业话语权。此外，生物基材料与智能穿戴领域的融合为纺织行业带来了新的机遇。生物基材料具有环保、可持续的特点，智能穿戴则赋予纺织品更多功能。两者融合将创造出更具市场竞争力的产品，重构纺织行业的全球竞争力格局。

综上所述，数智化技术在纺织行业的广泛应用，为纺织企业实现绿色生产提供了有力支持。通过引进智能设备、应用物联网技术和大数据与人工智能技术，纺织企业能够实现对生产过程的精准控制和实时监测，优化资源配置，降低生产成本和能耗。未来，随着数智化技术的不断发展和完善，纺织行业将实现更加绿色、高效的生产模式。

第二节　机械制造业数智化转型的节能减排效果

随着环保要求的日益严格和能源资源的日益紧张，传统机械制造模式的弊端愈发凸显。若不及时进行转型，不仅会面临环保法规的严格约束，还会因高昂的能源成本和环境治理成本而削弱自身的市场竞争力。因此，机械制造业的数智化转型迫在眉睫，这是实现可持续发展、降低环境影响、提升产业竞争力的必然选择。

一、数智化转型的技术框架与核心驱动力

（一）数智化转型的底层逻辑

物联网、人工智能、数字孪生等前沿技术正深刻重构机械制造生产体系。物联网凭借传感器与网络，实现设备实时数据采集与传输，让生产信息透明化。人工智能通过算法分析海量数据，实现生产流程的智能决策与优化。数字孪生构建虚拟模型映射物理实体，提前模拟生产过程，预测潜在问题。工业互联网平台作为技术集成枢纽，其架构涵盖边缘层、平台层和应用层。边缘层负责设备接入与数据采集，平台层进行数据存储与分析，应用层提供各类工业应用服务。

（二）经济效益与环境效益的双重实现

成本降低与碳减排存在紧密的关联机制。一方面，数智化转型通过优化生产流程、提高能源利用效率，降低了原材料消耗和能源成本，从而实现综合成本下降。例如，智能生产线的应用减少了人工操作失误，提高了生产效率，降低了生产成本。另一方面，能源管理系统升级和绿色设计制造的应用，直接减少了能源消耗和污染物排放，实现了碳减排。成本的降低使得企业有更多资金投入到节能减排技术研发和设备升级中，进一步促进碳减排。这种协同效应使得机械制造业在实现经济效益增长的同时，也促进了环境效益的提升。

二、数智化技术在节能减排中的落地实践

（一）生产流程的智能化再造

生产流程的智能化再造是机械制造业数智化转型的基石，也是节能减排效果最显著的一环。通过引入物联网、大数据、人工智能等先进技术，

企业能够实现生产过程的精准控制和高效调度。

1.智能感知与监控

通过应用传感器技术、射频识别（RFID）技术及其他先进的数据采集手段，可以实时地监控和记录生产线上的各种机械设备的运行状态，精确地获取它们的能耗数据，同时监测生产环境的质量信息。这些详尽的数据收集工作为后续的智能决策过程提供了坚实的基础和丰富的参考依据，使得生产管理更加高效和精准。

2.预测性维护

通过运用大数据分析技术，企业可以预先识别并预测设备可能出现的故障问题，从而有效减少因设备停机进行检修所带来的能源浪费以及不必要的碳排放。此外，通过对设备运行效率的持续监控和优化，企业能够进一步提高能源的利用效率，确保资源得到更加合理的使用。

3.自适应调度

依据订单的具体需求、生产设备的实时状态及能耗成本等众多关键因素，企业能够动态地调整和优化生产计划。这一过程确保了整个生产流程的高效顺畅运行，并且实现了能源分配的最优化，从而在保证产品质量和交货期限的同时，极大地提升了能源使用的经济性和环境的可持续性。

（二）能源管理的动态优化机制

在当今社会，能源管理已经成为机械制造业实现节能减排目标的核心环节。随着数智化技术的不断进步和广泛应用，能源管理已经从过去的静态监控模式，逐步过渡到更为高效和智能的动态优化阶段。这一转变不仅提升了能源使用的精细化管理水平，还通过智能化调控手段，进一步优化了能源的使用效率。

1.能源数据采集与分析

在能源管理的动态优化过程中，能源数据的采集与分析起着至关重要的作用。通过部署智能电表、能源管理系统等先进的监测设备，企业能够实时跟踪和记录各类能源的消耗情况。这些数据的实时性和准确性，为后续的分析工作提供了坚实的基础。利用大数据分析技术，企业能够深入挖掘能耗的规律性，识别出潜在的节能机会，从而为制定更科学合理的能源使用策略提供数据支持。

2.能源策略优化

基于收集到的历史数据和实时信息，企业可以动态调整其能源供应策略。例如，通过合理利用峰谷电价差异，优化生产计划和能源使用时间，降低能源成本。同时，积极引入可再生能源，如太阳能、风能等，这不仅有助于减少对传统化石能源的依赖，还能有效降低企业的碳排放量。通过这些策略的优化，企业能够在保证生产效率的同时，实现能源成本的降低和环境影响的最小化。

3.能效监测与评估

建立一套完善的能效监测体系，对于机械制造业来说至关重要。通过定期对生产线的能效进行评估，企业能够及时发现能耗的瓶颈问题，并针对性地提出改进措施。此外，通过设立能效标杆，企业可以鼓励员工积极参与到节能减排的实践中来，形成全员参与的良好氛围。这种自下而上的参与机制，不仅能够提升员工的环保意识，还能通过集体智慧，发现和实施更多节能减排的创新方法。

综上所述，通过构建能源管理的动态优化机制，机械制造业企业不仅能够实现对能源使用的全面监控，还能通过智能化的手段，高效地管理能源消耗。这不仅有助于提升能源利用效率，减少能源浪费，还能有效降低环境污染，为企业的可持续发展奠定坚实的基础。

(三) 全生命周期的绿色创新

全生命周期的绿色创新是机械制造业数智化转型的更高层次追求。它要求企业在产品设计、制造、使用、回收等各个阶段都融入节能减排的理念和技术。这种全面的绿色创新不仅有助于提升企业的市场竞争力，还能促进整个社会的可持续发展，实现经济效益与环境保护的双赢。

1. 绿色设计

在产品设计阶段，运用生态设计原则，优化产品结构，选用环保材料，减少产品在使用过程中的能耗和排放。同时，考虑产品的可回收性和再利用性，降低废弃物处理成本。设计阶段的绿色创新还包括对产品生命周期的全面评估，确保从原材料采购到最终废弃的每个环节都符合环保标准。

2. 绿色制造

采用先进的制造工艺和设备，如精密铸造、激光切割等，减少材料浪费和能耗。同时，加强废弃物管理和资源循环利用，实现清洁生产。绿色制造还涉及能源的有效管理，比如使用可再生能源，以及对生产过程中产生的废气、废水进行有效处理，确保排放达到环保要求。

3. 智能服务

通过远程监控、预测性维护等技术手段，为用户提供高效、便捷的产品服务。同时，收集用户反馈和能耗数据，为产品的持续优化和绿色创新提供依据。智能服务还包括利用大数据分析和人工智能技术，对产品使用数据进行深入挖掘，发现节能减排的新机会。

4. 绿色回收

建立完善的废旧产品回收体系，实现资源的再利用和循环经济的发展。同时，通过技术手段对废旧产品进行无害化处理，减少环境污染。绿色回收不仅包括物理回收，还涉及化学回收和生物回收等，以确保每一种材料都能得到最合适的处理。

综上所述，通过全生命周期的绿色创新，机械制造业企业能够从根本上推动行业的绿色转型和可持续发展，为实现碳达峰、碳中和目标贡献力量。这不仅符合全球环保趋势，也是企业履行社会责任、提升品牌形象的重要途径。绿色创新将引领机械制造业走向一个更加绿色、智能、高效的发展新时代。

三、转型进程中的现实挑战与突破路径

（一）关键技术国产化困境

在技术研发上，我国在 AI 算法与传感器等关键技术上与国际先进水平存在差距。研发投入不足、基础研究薄弱，使得国产工业软件在功能、稳定性和兼容性方面难以与国外产品竞争。对比德国"工业4.0"政策，德国政府通过税收抵免等政策鼓励企业加大研发投入，同时加强高校与企业的合作，建立了完善的人才培养体系。我国可借鉴德国的经验，一方面，政府加大对工业软件研发的资金支持，设立专项研发基金，引导企业和社会资本投入。另一方面，高校与企业联合开展人才培养，建立实习基地，开设符合产业需求的课程，培养既懂技术又懂产业的复合型人才。此外，加强知识产权保护，鼓励企业自主创新，提高国产工业软件的市场竞争力。

（二）政策支持体系的完善方向

数智化投资与环保技改补贴的政策协同机制至关重要。数智化转型需要大量资金投入，而环保技改补贴可以减轻企业负担，促进企业积极开展数智化转型。政府应将数智化投资纳入环保技改补贴范围，对采用先进数智化技术实现节能减排的企业给予财政补贴和税收优惠。此外，建立跨行业标准体系是推动数智化转型的关键。不同行业在数智化转型过程中面临

不同的问题和需求，缺乏统一的标准会导致转型成本增加、效率低下。政府应牵头组织行业协会、企业和科研机构，制定涵盖技术、安全、管理等方面的跨行业数智化标准。例如，制定统一的数据接口标准，促进不同企业和系统之间的数据共享和交互；建立安全评估标准，保障数智化转型过程中的信息安全。通过完善政策支持体系，为机械制造业及其他传统行业的数智化转型提供有力保障。

四、标杆企业的转型范式探索

（一）格力电器智能化工厂建设

自2016年起，格力电器开始将数字化技术引入工业制造领域。目前，格力已通过实践构建了"黑灯工厂"，即无人化工厂。数字化建设的"黑灯工厂"极大地提升了格力制造的精度、质量和效率。格力利用数字化技术研发出"零碳源"技术，并自主研发了动作高效精准的工业机器人，实现了智能化作业和远程管理。数控机床、AGV导航车和智能电子仓的融入，使得人机结合、高效自动化生产得以实现。[1]相较于传统空调系统，格力中央空调系统的全线机房平均能效显著提升。2023年，该系统的应用为深圳地铁运营节省了1 456万元的电费，相当于减少了约9 769吨的二氧化碳排放，节能率超过35%。目前，格力已为全国近200条地铁线路、22个大型机场、130多个大型铁路枢纽站提供了节能环保解决方案。此外，格力电器在再生资源领域建立了绿色家电回收体系，并首创了废旧家电逆向物流回收平台"明珠绿环回收"，实现了家电"送、装、收一体化"。通过自建渠道回收，2023年前10个月共回收旧机47万套（台），拆解后实现减排二氧化碳2.54万吨。[2]

---

[1] 上观新闻.董明珠谈"黑灯工厂"，格力员工结构已经变了［EB/OL］.（2021-07-08）［2025-04-01］.https://www.jfdaily.com/wx/detail.do?id=384007.

[2] 新华网.全国人大代表董明珠：培育新质生产力 为美好生活贡献"中国智造"方案［EB/OL］.（2024-03-05）［2025-04-01］.http://www.xinhuanet.com/2024-03/05/c_1212338874.htm.

（二）西门子数字化工厂碳足迹管理

近年来，可持续发展是世界各方广泛关注的话题。在倡议下，各国纷纷制定碳减排目标，推动经济向低碳、绿色转型。在此背景下，西门子于2021年在中国正式启动"零碳先锋计划"，旨在通过数字化创新和跨领域合作，携手各方伙伴共创绿色工业生态，赋能打造低碳产业链，助力中国实现"双碳"目标。根据西门子发布的《2023财年可持续发展报告》，2019财年以来西门子已将自身运营中产生的二氧化碳排放量减少达50%，帮助客户避免了约1.9亿吨的二氧化碳排放，相当于西门子在自身运营和供应链中产生的二氧化碳排放量的16倍。[①] 以西门子成都数字化工厂为例，西门子成都数字化工厂应用数字孪生、工业人工智能、SiGREEN（碳足迹精算追溯方案）等前沿技术，从能效提升、废弃物管理与产品绿色设计三个维度推动可持续发展。在产量提升92%的基础上，减少24%的单位产品能耗及48%的单件产品废弃物。[②]

五、产业转型的未来图景与战略建议

（一）未来图景

随着科技的飞速发展和全球对可持续发展的日益重视，机械制造业的数智化转型正逐步迈向更深层次。在这一转型过程中，节能减排不仅是一项技术挑战，更是行业转型升级的重要驱动力。未来的机械制造业，将在数智化技术的赋能下，实现更高效、更环保的生产模式。这不仅意味着生产效率的大幅提升，也预示着对环境影响的显著降低，从而达到经济效益

[①] 中华网.多措并举为低碳 西门子中国领航可持续发展新征程［EB/OL］.（2024-12-04）［2025-04-01］.https://tech.china.com/article/20241204/122024_1611934.html.

[②] 智能网.西门子成都数字化工厂获评世界经济论坛"可持续灯塔工厂"［EB/OL］.（2023-12-14）［2025-04-01］.https://www.ainet.cn/znw/_01-ABC00000000000340835.shtml.

与环境保护的双赢局面。

1. 智能工厂与绿色生产

未来的机械制造业将涌现出更多智能工厂，这些工厂通过集成先进的物联网、大数据、云计算等技术，实现生产过程的全面数字化和智能化。在智能工厂中，生产设备和流程将实现高度协同，能耗和排放将得到精准控制，从而实现绿色生产。智能工厂的建设将使得生产过程更加透明，便于监控和管理，进一步提高生产安全性和产品质量。

2. 精益生产与节能减排

数智化转型将推动机械制造业向精益生产方向迈进。精益生产强调在满足客户需求的前提下，通过持续改进和优化生产流程，消除浪费，提高资源利用效率。在节能减排方面，精益生产将帮助企业识别并减少不必要的能耗和排放，从而实现更环保的生产。通过精益生产，企业能够更好地响应市场变化，缩短产品上市时间，同时减少库存和过剩产能，进一步降低环境负担。

3. 循环经济与资源回收

未来的机械制造业将更加注重循环经济的发展，通过回收和再利用废旧设备和材料，减少资源浪费和环境污染。数智化技术将在这方面发挥重要作用，例如，通过智能识别和分类技术，实现废旧设备和材料的精准回收和再利用。这不仅有助于延长产品生命周期，还能减少对新资源的需求，从而降低对环境的总体影响。

4. 低碳技术与清洁能源

随着低碳技术的不断发展和清洁能源的广泛应用，未来的机械制造业将更加注重低碳生产和清洁能源的利用。数智化技术将助力企业实现低碳技术的精准应用和清洁能源的高效利用，从而降低生产过程中的碳排放。通过采用风能、太阳能等可再生能源，企业能够减少对化石燃料的依赖，进一步减少温室气体排放，为实现全球气候目标做出贡献。

（二）战略建议

为了实现上述未来图景，机械制造业需要从以下几个方面着手制定和实施数智化转型的战略建议。

1.加强技术研发与创新，优化生产流程与管理

企业应加大在数智化技术方面的研发投入，推动技术创新和突破。通过自主研发或与科研机构合作，开发适用于机械制造业的数智化技术和系统，提高生产效率和节能减排效果。同时，企业还应关注国际前沿技术动态，积极引进和吸收国际先进经验和技术，以保持在激烈的市场竞争中的技术领先地位。在这一过程中，企业需要不断强化自身的研发能力，培养和吸引高技能的研发人才，为企业的长远发展奠定坚实的技术基础。

借助数智化技术，企业应全面优化生产流程和管理模式。通过引入先进的生产管理系统和智能设备，实现生产过程的数字化和智能化管理，提高生产效率和资源利用效率，减少能耗和排放。此外，企业还应注重生产过程中的质量控制，确保产品质量的稳定性和可靠性，满足市场和消费者的需求。在优化流程的同时，企业还应加强员工培训，提升员工的操作技能和管理能力，以适应新的生产模式和技术要求，在提高生产效率的同时，确保产品的高质量标准。

2.培养高素质人才，推动产业链协同与合作

为了实现数智化转型，培养高素质的人才至关重要。企业不仅需要注重培养那些具备数智化技术背景和生产管理经验的复合型人才，还应当积极引进这些关键人才，从而为企业的转型之路提供坚实的人才基础。同时，企业还应建立和完善人才激励机制，通过各种激励措施，激发员工的创新潜能和工作热情，确保员工能够积极主动地参与企业的创新和发展，为企业的持续发展注入源源不断的活力。

在机械制造业的数智化转型过程中，产业链上下游企业的协同与合作显得尤为关键。企业应当加强与供应商、客户以及科研机构等产业链各方的沟通与合作，共同推动数智化技术的研发和应用，形成产业链协同发展的良好生态。此外，企业还应积极参与行业标准的制定，通过共同的努力推动整个行业的技术进步和产业升级，从而在激烈的市场竞争中占据有利地位，实现可持续发展。

3.强化政策支持与引导，倡导绿色消费理念

政府应当采取积极措施，出台一系列政策支持和引导机械制造业的数智化转型。这些措施包括提供财政补贴、税收减免等优惠政策，以此激励企业增加在研发方面的投入。同时，政府应制定行业标准和规范，推动数智化技术的标准化和规范化应用，确保技术的高效和安全使用。加强监管和执法力度，确保企业在生产过程中遵守相关法规，实现合规生产和节能减排的目标。此外，政府还应加强与企业的沟通，深入了解企业在转型过程中遇到的挑战和需求，从而提供必要的帮助和支持。

作为消费者，我们应当积极倡导绿色消费理念，选择那些环保、节能的机械产品和生产设备。通过市场需求的引导，促使企业更加重视数智化转型和节能减排工作，推动整个机械制造业朝着更加绿色、可持续的方向发展。同时，消费者自身也应增强环保意识，支持和购买那些符合绿色标准的产品，共同为实现社会的可持续发展做出贡献。

综上所述，机械制造业的数智化转型是实现节能减排和可持续发展的重要途径。未来，随着数智化技术的不断发展和应用，机械制造业将迎来更加绿色、高效、智能的生产模式。为了实现这一目标，企业需要加强技术研发与创新、优化生产流程与管理、培养高素质人才、推动产业链协同与合作、强化政策支持与引导以及倡导绿色消费理念等多方面的努力。

第三节　食品加工行业数智化提升的资源利用效率

食品加工行业作为传统制造业的重要组成部分，面临着原料浪费、能耗高等问题。然而，在数智化技术的推动下，食品加工行业正逐步实现转型升级，通过优化生产工艺、提高设备能效等措施，实现了资源利用效率的提升。

一、智能监控系统优化食品加工流程

（一）实时数据采集与工艺优化

实时数据采集是智能监控系统的基础功能。在生产过程中，各类传感器遍布于加工设备的各个角落，它们不间断地收集温度、湿度、压力、流量等关键参数。这些数据被实时传输至中央控制系统，经过大数据分析处理后，形成直观的生产状态报告。基于实时数据，食品加工企业能够迅速调整生产工艺参数，确保产品质量的稳定性和一致性。例如，在烘焙过程中，智能监控系统能够实时监测面团发酵的温度和湿度，一旦偏离预设范围，立即自动调整发酵环境，从而避免烘焙失败和原料浪费。此外，智能监控系统还能通过历史数据分析，挖掘生产过程中的潜在问题，为工艺优化提供科学依据。这种基于数据的决策方式，相比传统经验判断，更加准确、高效，有助于企业持续提升生产效率和产品品质。

（二）异常预警与设备维护效率

智能监控系统的另一大优势在于其强大的异常预警能力。通过对生产数据的实时监测和分析，系统能够及时发现生产线上的异常情况，如设备故障、原料短缺等，并立即向管理人员发出预警信号。这种预警机制不仅

有助于企业快速响应生产异常，减少停机时间，还能有效预防安全事故的发生。更重要的是，智能监控系统能够基于数据分析结果，预测设备的维护需求，实现预防性维护。相比传统的故障后维修，预防性维护能够显著提高设备的可靠性和使用寿命，降低维护成本。

（三）流程自动化与人工成本控制

智能监控系统的引入，还推动了食品加工流程的自动化升级。通过集成自动化控制技术和人工智能技术，系统能够实现对生产线的智能调度和远程控制。在自动化生产线上，工人只需在控制台输入生产指令，系统即可自动完成原料配比、加工、包装等全过程。这种高度自动化的生产方式，不仅大幅提高了生产效率，还有效降低了人工成本。同时，自动化生产线的精准控制，也有助于减少原料浪费和次品率，进一步提升资源利用效率。值得注意的是，智能监控系统的自动化功能并非一成不变。随着生产需求的变化和技术的发展，系统能够不断学习和适应新的生产模式，实现更加灵活、高效的自动化生产。

二、数据追踪技术减少食品浪费

食品浪费是食品加工行业面临的一个严峻问题。据统计，每年全球有大量的食品在生产、运输、储存及消费过程中被浪费，这不仅造成了巨大的经济损失，还加剧了环境压力。为了有效减少食品浪费，食品加工行业开始广泛采用数据追踪技术，通过对食品生产全过程的精准监控与管理，实现资源的最大化利用。

（一）区块链技术实现全链路溯源

区块链技术以其去中心化、不可篡改的特性，在食品追溯领域展现出巨大潜力。通过为每一件食品分配一个唯一的区块链身份标识，可以实现从原材料采购、生产加工、物流运输到终端销售的全程可追溯。这种全链路溯源机制不仅有助于消费者了解食品的来源与质量，更重要的是，它能够帮助企业及时发现并解决生产过程中的问题，从而减少因质量问题导致的食品浪费。同时，区块链技术还能有效打击假冒伪劣产品，维护市场秩序，进一步提升食品行业的整体竞争力。

（二）RFID 标签与库存动态管理

RFID（无线射频识别）技术通过为食品包装贴上 RFID 标签，实现对库存物品的实时监控与精准管理。相较于传统的条形码扫描方式，RFID 技术具有识别速度快、准确率高、适用范围广等优势。借助 RFID 技术，企业可以实时掌握库存情况，及时调整生产计划与采购策略，避免库存积压与过期浪费。此外，RFID 技术还能在物流运输过程中发挥重要作用，通过实时监测货物的位置与状态，确保食品在运输过程中的安全与品质。

（三）智能预测与订单精准匹配

利用大数据与人工智能技术，食品加工企业可以实现对市场需求的精准预测。通过对历史销售数据、消费者行为分析以及市场动态监测等多维度信息的整合与分析，企业能够提前预判未来一段时间内的市场需求趋势，从而合理安排生产计划与库存水平。在此基础上，企业还可以借助智能算法实现订单与库存的精准匹配，确保每一笔订单都能得到及时、有效的响应，减少因订单处理不当导致的资源浪费。

（四）AI 视觉分拣技术

AI 视觉分拣技术利用深度学习算法与图像处理技术，实现对食品的快速识别与分拣。在食品加工过程中，往往需要对原材料或成品进行严格的品质检查与分类处理。传统的人工分拣方式不仅效率低下，还容易因人为因素导致分拣错误。而 AI 视觉分拣技术能够自动识别并分拣出不符合质量标准的食品，大大提高了分拣的准确性与效率。此外，该技术还能根据预设的规则对食品进行精细分类,为后续的包装、运输与销售提供便利。

(五)数字孪生与产线仿真

数字孪生技术是一种将物理实体与虚拟模型相结合的新型技术。在食品加工行业,企业可以利用数字孪生技术构建生产线的虚拟模型,通过模拟实际生产过程来优化生产流程、提高生产效率。数字孪生技术不仅能够帮助企业及时发现并解决生产过程中的瓶颈问题,还能在生产前进行充分的仿真测试,确保新设备的稳定运行与旧设备的升级改造。通过这种方式,企业可以最大限度地减少因生产故障导致的停机时间与资源浪费。

三、案例分析

(一)乳业企业数智化升级——以黄冈伊利乳业为例

作为乳制品行业的领军企业,黄冈伊利乳业有限公司拥有十几年的行业经验。近年来,该公司借助科技的力量,成功实现了从传统生产模式向智能制造的飞跃,为行业树立了新的典范。自 2006 年 6 月成立以来,黄冈伊利一直致力于向消费者提供高品质的乳制品。面对市场的持续扩张和消费者需求的日益增长,公司开始着眼于更深层次的智能化转型。伊利集团在数字化和智能化技术的应用上,已经将整个产业链的各个阶段纳入考量,积极推行"智慧乳业"战略。在伊利的能源数字化中心,一块巨大的屏幕墙实时呈现各类数据和图表,工作人员通过智能系统实现对车间设备的远程监控和控制。这一转变归功于公司近年来在数字化和智能化领域的投资与革新。改造完成后,员工的工作环境得到显著改善,通过电脑即可完成操作,有效减轻了员工的体力劳动强度。

2022 年,黄冈伊利乳业投入 1 亿元资金,开展了一项大规模的升级工程。这次工程主要针对制冷系统,引进了 CO_2 复叠制冷技术,确保氨气不进入车间,从而消除了潜在的重大安全隐患。因此,工厂不再被划为重大危险源监管对象,液氨的管理仅需少数专业人员即可。在冷饮生产区的巴氏杀菌环节,以往烦琐的记录工作已经消失。通过引入 MOM 系统并与利乐系统整合,关键的生产参数,包括杀菌时间、均质压力、过量流量等,可以自动进行采集和记录。这一进步显著提升了工作效率,并减少了人为失误的风险。自动采集实施后,人工记录时间从 2—3 小时缩短至仅需 30 分钟到 1 小时。①

在智能化改造的过程中,黄冈伊利不仅实现了设备互通、互联,还打破了信息孤岛,实现了生产过程透明化、质量管控数字化、成本控制精细化。这些改变不仅提升了生产效率和能源利用率,还降低了运营成本和产品不良品率。未来,黄冈伊利将继续在伊利集团的引领下,以消费者为中心,持续构建更智能、高效、可持续的"数智伊利"。黄冈伊利将加速形成奶业"新质生产力",以"数实融合"驱动产业升级,为数字中国建设贡献更多力量。

(二)肉制品加工数智化转型——以双汇为例

在食品制造业数字化变革的浪潮中,作为肉类加工领域的领军企业,双汇正积极面对传统生产方式的挑战,并开始了数字化转型。以往,肉类加工的传统生产方式遭遇了多种难题,包括人工挑选效率不高、质量检测成本昂贵,以及消费者对食品透明度和可追溯性不断增长的需求。为了适应这一行业趋势的转变,双汇持续寻求创新,致力于通过数字化转型来提高生产效率、保障食品安全,满足消费者对高质量肉类加工产品的需求。

1.双汇数字化转型的背景

(1)传统制造业的转型压力

在食品加工行业,双汇面临着巨大的转型压力。劳动力成本上升是一

---

① 今点黄州.黄冈伊利乳业:以数字化改造驱动产业升级[EB/OL].(2024-08-05)[2025-03-10]. https://mp.weixin.qq.com/s/4LTY_UvwKUBXuSHejJHKqw.

大显著问题。随着社会经济的发展，人力成本不断攀升，这给劳动密集型的肉类加工企业带来了沉重的负担。双汇在生产过程中需要大量的人力投入，劳动力成本的增加压缩了企业的利润空间。同时，生产效率瓶颈也日益凸显，传统的生产模式难以满足日益增长的市场需求，生产流程中的一些环节效率低下，导致整体产能受限。此外，行业竞争格局也在发生变化，越来越多的企业进入肉类加工市场，市场竞争愈发激烈。双汇需要不断提升自身的竞争力，以在市场中占据一席之地。

（2）国家政策与产业升级驱动

国家政策对智能制造的支持为双汇的数字化转型提供了良好的外部环境。"十四五"规划明确提出要加快发展智能制造，推动制造业高端化、智能化、绿色化发展。这一政策导向鼓励企业加大在数字化、智能化方面的投入，提升生产效率和产品质量。河南省的"三链同构"战略，即产业链、供应链、价值链协同发展，也为双汇的发展指明了方向。该战略强调通过产业升级和创新，提高产业的竞争力和附加值。双汇作为河南省的重要企业，积极响应政策号召，借助政策的东风，加快数字化转型的步伐，以实现产业升级和可持续发展。

（3）双汇战略布局的必然选择

双汇创始人万隆提出的"产业化、多元化、国际化、数字化"战略是企业发展的重要指引。其中，数字化战略是适应时代发展的必然选择。在当今数字化时代，企业的数字化水平直接关系到其竞争力和发展前景。双汇通过数字化转型，可以实现生产、管理、营销等各个环节的智能化和高效化。为了推动数字化战略的落地，双汇进行了管理层组织架构的调整，成立了双汇数字转型委员会和数字化转型办公室，制定了明确的数字化工作方针。这一系列举措体现了双汇在战略布局上的前瞻性和决心，通过数字化转型，双汇将进一步提升企业的核心竞争力，实现可持续发展。

2.双汇数字化严把产品质量关的举措

（1）生产端智能化改造

双汇在生产端大力推进智能化改造，以提升生产效率和产品质量。在屠宰厂，MES系统发挥了关键作用。该系统实现了生产过程的全流程信息化和智能化管理，从生猪收购、生产加工到产品发货，全产业链条数据自动采集、上传和计算，产、供、销、运数据可在线追溯和即时汇总分析。同时，车间内投入了16台AGV机器人，它们通过MES系统，在激光定位、智能避障等技术支持下高效自动运行，大大提高了生产的自动化程度。在高温肉制品生产线改造方面，前道采用奥地利、西班牙、丹麦等世界一流生产设备，后道由双汇与中科院沈阳自动化研究所联合定向开发，引入九大智能模块，实现了集约化、自动化、智能化生产。例如，原料从-18℃解冻到-2℃仅需15分钟，快速解冻有效保障了肉品质量和口感风味；肉馅在全程真空环境中反复按摩摔打3 000多次，追求产品鲜嫩高弹的完美口感。整个生产过程通过MES系统实现互通互扰，生产效率大幅提升。[1]

（2）数字化质量管控体系

双汇构建了完善的数字化质量管控体系，采用了11种缺陷检测技术及密封测漏模型，检测精度达到0.1mm，能够精准检测产品的各种缺陷。[2]这些先进的检测技术涵盖了外观、尺寸、重量等多个方面，确保产品符合高质量标准。密封测漏模型可以有效检测产品包装的密封性，防止产品在储存和运输过程中出现变质问题。同时，双汇实行三级质量安全管控模式，从原材料采购、生产加工到成品出厂，每个环节都进行严格的质量把控。在原材料采购环节，对供应商进行严格筛选和评估，确保原材料的质量安全；在生产加工过程中，通过实时监控和数据分析，及时发现和解决质量问题；在成品出厂前，进行全面的检测和检验，确保产品质量合格。此外，双汇还建立了完善的追溯系统，消费者可以通过扫描产品二维码，了解产品的生产过程、原材料来源、检测报告等信息，实现了产品质量的全程可追溯。

---

[1] 凤凰网. 双汇：加速转型升级，打造智能化新范本 [EB/OL]. (2022-03-21) [2025-03-11]. https://culture.ifeng.com/c/8EpiC6aJXtZ.

[2] 凤凰网. 双汇：加速转型升级，打造智能化新范本 [EB/OL]. (2022-03-21) [2025-03-11]. https://culture.ifeng.com/c/8EpiC6aJXtZ.

（3）信息化物流配送管理

双汇在物流配送环节采用了信息化管理手段，以确保产品的质量和安全。冷链智能管理系统是其中的核心技术之一，该系统可以实时监控车辆的位置、温度、湿度等信息，实现对冷链运输过程的全程监控。一旦车辆的温度、湿度等参数超出设定范围，系统会立即发出温控预警，提醒司机和管理人员采取相应的措施，确保产品始终处于适宜的储存和运输环境中。同时，双汇还积极建设供应链协同平台，实现了与供应商、经销商等合作伙伴的信息共享和协同运作。通过该平台，各方可以实时了解订单状态、库存情况、物流信息等，提高了供应链的响应速度和运作效率。例如，在实际运营中，双汇的冷链运输温控合格率达到了99.5%，这充分证明了信息化物流配送管理的有效性。通过信息化手段，双汇确保了产品在物流配送过程中的质量安全，为消费者提供了更加优质的产品和服务。①

3.双汇数字化转型的显著成效

（1）生产效率实现跨越式提升

双汇数字化转型后，生产效率实现了跨越式提升。在传统生产模式下，产能受限，难以满足市场需求。而自动化车间投入使用后，单位时间产能大幅提高，例如，现在单日可生产200吨肉制品，远超传统模式。② 以屠宰环节为例，过去生猪从进厂到成为冷鲜肉出厂，整个流程烦琐且耗时较长。如今，通过智能化改造，引入可视化管理系统、信息化排产系统等，实现了全流程智能化管理，仅需13小时就能完成全流程，大大缩短了生产周期，提高了生产效率，使双汇能够更快速地响应市场需求。

（2）信息化管理配送链

2024年，双汇物流已建成网络货运、智能管车、智能调度、供应链预警、冷易通智慧供应链管理平台等11项信息化系统，实现全程定位、全程

---

① 凤凰网.双汇：加速转型升级，打造智能化新范本［EB/OL］.（2022-03-21）［2025-03-11］.https://culture.ifeng.com/c/8EpiC6aJXtZ.

② 马嘉.如何在"猪周期"起点寻找增长点？双汇发展问路"科技宰猪"［EB/OL］.（2022-08-28）［2025-03-11］.https://baijiahao.baidu.com/s?id=1742392716036697048&wfr=spider&for=pc.

温度追踪、全程业务可视、全程智能调度等10项全程化管理，目前，产品的温控合格率达到99.5%以上。① 这些信息化系统的应用，不仅提高了物流配送的效率和准确性，还确保了产品在运输过程中的质量安全。通过全程定位功能，双汇能够实时监控货物的位置和运输状态，有效防止货物丢失或延误。全程温度追踪功能确保了产品在运输过程中的温度控制，避免了因温度波动而导致的质量问题。此外，全程业务可视功能让双汇能够清晰地了解物流配送的每一个环节，从而及时发现和解决问题。全程智能调度功能则根据货物的实际情况和运输需求，自动调整运输路线和配送计划，确保货物能够按时、准确地送达目的地。

（3）食品安全风险闭环管理

双汇通过数字化转型实现了食品安全风险的闭环管理。一方面，智能化设备和系统的应用减少了人工干预，降低了人为因素导致的食品安全风险。另一方面，全链条追溯机制的建立，让产品从原料采购、生产加工到物流配送、终端销售的每一个环节都可追溯。同时，检验检疫信息化升级，提高了检测的准确性和及时性。例如，消费者在购买双汇产品后，可通过扫描二维码了解产品的详细信息，这种透明化的管理方式提升了消费者的信心。消费者因可追溯信息而放心购买双汇产品，这充分体现了食品安全风险闭环管理的成效。

（4）人力成本结构性优化

双汇数字化转型带来了人力成本的结构性优化。自动化设备的广泛应用替代了大量人工岗位，如屠宰厂智能化升级后减少用工70人。② 这不仅降低了劳动力成本，还提高了生产的稳定性和效率。在管理方面，数字化系统实现了信息的快速传递和处理，减少了管理层级和沟通成本，优化了管理流程。从年度数据来看，劳动力成本节约成效显著，企业能够将更多的资金投入到技术研发和创新中，进一步提升企业的竞争力。

---

① 夏先清，杨子佩，肖艳青. 双汇发展加快数字化建设 全产业链智慧升级保品质［EB/OL］.（2024-10-24）［2025-03-11］.http://www.rmlt.com.cn/2022/0930/657284.shtml.

② 夏先清，杨子佩，肖艳青. 双汇发展加快数字化建设 全产业链智慧升级保品质［EB/OL］.（2024-10-24）［2025-03-11］.http://www.rmlt.com.cn/2022/0930/657284.shtml.

4.双汇数字化引领行业创新发展

（1）质量管控标准重构

双汇在数字化转型过程中，对质量管控标准进行了重构，填补了肉制品行业检测设备的空白。其自主研发的先进检测设备，能够实现对产品质量的精准检测，涵盖了从外观到内在品质的多个维度，为行业提供了新的检测标准和方法。这些设备不仅提高了检测的准确性和效率，还解决了传统检测方法难以解决的问题，推动了整个肉制品行业质量管控水平的提升。

双汇的质量管控技术具有巨大的输出潜力。凭借其在数字化质量管控方面的领先优势，双汇有望将相关技术和标准输出到其他企业，促进整个行业的共同发展。双汇入选《实体经济和数字经济深度融合发展报告》的案例，充分展示了其在质量管控标准重构方面的创新成果和示范作用，为行业树立了标杆。

（2）冷链物流生态创新

双汇在冷链物流领域进行了创新，与G7合作打造了IoT温度监控系统。该系统能够实时监控冷链运输过程中的温度变化，确保产品始终处于适宜的储存和运输温度环境中。通过精准的温度控制和实时数据传输，有效降低了产品在运输过程中的损耗和变质风险。

同时，双汇积极探索轻资产运营模式，通过整合社会资源，提高冷链物流的运营效率和灵活性。这种模式不仅降低了企业的运营成本，还提升了整个冷链物流生态的协同效应。实证数据显示，双汇物流接入了G7安全管家设备后，事故率呈现逐年下降趋势，年下降率高至51%，车辆保费下降率也超30%，大大提高了冷链物流的安全性和可靠性，为行业的冷链物流发展提供了新的思路和模式。①

（3）产业链协同发展取得突破

双汇在产业链协同发展方面取得了突破，积极推动中原食品实验室建设和未来食品产业园规划。中原食品实验室将汇聚行业顶尖的科研力量，

---

① 中华网.G7物联使事故率和保费皆大幅下降的安全管理方案大揭秘！［EB/OL］.（2024-10-24）［2025-03-11］.https://tech.china.com/article/20221028/102022_1166496.html.

开展食品领域的前沿技术研究和创新，为双汇及整个行业的发展提供技术支持和创新动力。未来食品产业园将整合产业链上下游资源，实现产业的集聚和协同发展，提高产业的整体竞争力。

此外，双汇还进行了氟硅新材料等跨界布局，拓展了产业领域，实现了多元化发展。通过数字化手段，双汇能够实现产业链各环节的信息共享和协同运作，提高生产效率和产品质量，为消费者提供更加优质的产品和服务。

（三）预制菜工厂的数智化转型——以春雪食品为例

近年来，预制菜行业发展增速迅猛，行业发展规模不断扩大。据统计，2023 年我国预制菜市场规模达 5 165 亿元，同比增长 23.1%，预计未来仍将保持较高增速。但即便如此，我国预制菜产业的市场渗透率只有 10%—15%，与美国、日本等发达国家 60% 以上的市场渗透率仍存在不小的差距。[①]

随着 2025 年中央一号文件提出"农业新质生产力"的概念，春雪食品看到了数字化养殖带来的巨大机遇。文件鼓励将生物育种、无人机、人工智能及数字技术等前沿科技融入农业生产，以推动农业现代化。春雪食品紧抓这一历史性机遇，着手绘制数字化养殖的宏伟蓝图。

春雪食品公司借助 AI 及数字化技术，推进了精准饲料配方研究，旨在优化鸡群的营养摄取，加速其生长速率并提升免疫力，同时实现成本节约。公司计划引入智能设备以调节养殖环境，确保鸡群的健康生长。在精准饲料配方研究领域，春雪食品拟运用 AI 与数字化技术，深入探究鸡群在不同生长阶段的营养需求。通过分析大量养殖数据，并综合考虑鸡群特性、生长环境及周期等多重因素，春雪食品将制定出最适宜的饲料配方。例如，运用 AI 算法模拟不同饲料成分对鸡生长性能的影响，筛选出最优方案，以提高饲料营养价值和使用效率，减少饲料浪费，降低养殖成本。这不仅有

---

① 巫扬鹏. 预制菜新篇章：探索产业发展的蓬勃动力［EB/OL］.（2024-11-15）［2025-03-11］. https://mzrb.meizhou.cn/html/2024-11/15/content_370272.htm.

助于提升鸡的生长速率、改善肉质，还能增强鸡群免疫力，减少疾病发生率。此外，春雪食品将致力于智能调控养殖环境的研究。通过采用先进的传感器技术和智能控制系统，实时监控并调整鸡舍内的温度、湿度、通风等关键环境因素，为鸡群营造一个更为舒适和健康的生长环境。这些措施将进一步推动春雪食品在数字化养殖领域的创新与进步。

春雪食品集团为了进一步巩固其在市场上的领导地位，并致力于打造成为预制菜产业的领军企业，决定投资建设一座现代化的智慧工厂。在这个工厂中，集团引入了尖端的冷链智能仓储物流系统，该系统通过高科技手段实现了产品从入库到出库的全流程无人化操作。这种创新的运作模式不仅有效降低了运营成本，而且显著提升了生产和物流的效率。更重要的是，该系统能够最大程度地保障食品安全，确保产品从生产到消费者手中的每一个环节都符合最高标准。春雪食品集团通过这一系列的举措，为公司的持续发展和市场竞争力的提升提供了坚实的技术支撑和保障。在数字化转型的征程中，春雪食品持续对生产流程进行优化，精确控制产品质量，并实现供应链的高效协同。通过实施"平台＋冷链"模式，春雪食品成功打通了供应链体系；通过"线上＋线下服务"模式，构建了完整的价值链。同时，利用区块链技术，实现了数字经济与金融服务的无缝对接。春雪食品致力于打造一个全面覆盖冷冻食品和生鲜产品的产业生态圈。这些战略举措显著提升了公司的运营效率和市场反应速度，为公司的长期可持续发展奠定了坚实的基础。

第四节　其他传统制造业数智化赋能的绿色转型

除了纺织行业、机械制造业和食品加工行业，其他传统制造业也在数智化技术的推动下实现了绿色转型。这些企业通过引进智能设备、应用物联网技术和大数据与人工智能技术等措施，实现了生产过程的优化和资源利用效率的提升。

一、化工行业

(一)低碳工艺与 CCUS 技术应用

在化工行业的绿色转型中,二氧化碳捕集封存(CCUS)技术的工业化落地是重要的一环。以大庆油田二氧化碳驱油项目为例,该项目在实施二氧化碳捕集的同时,将收集到的二氧化碳充分利用,提高原油产量。在大庆油田徐深 9 天然气净化厂,员工会分离天然气中混杂的二氧化碳,并将捕集到的二氧化碳输送后进行液化处理。天然气中混杂的二氧化碳属于"废气",会显著增加天然气使用过程中的碳排放量,而该项目建成了多座天然气净化装置和二氧化碳液化装置,有效减少了碳排放。然而,传统石化设备改造存在许多难点。一方面,设备老化严重,改造需要大量的资金投入;另一方面,改造过程中需要停产,会影响企业的正常生产。从工艺流程对比来看,传统石化工艺在生产过程中会产生大量的二氧化碳排放,而采用 CCUS 技术后,通过将二氧化碳捕集、封存和利用,实现了低碳生产。未来的技术突破方向在于提高二氧化碳捕集效率、降低封存成本以及拓展二氧化碳的利用途径。

(二)循环经济园区建设

在当今追求可持续发展的大背景下,化工园区的循环经济建设显得尤为重要,它被视为实现绿色转型的关键模式之一。以能源梯级利用模式为例,余热发电系统的集成应用是其中一种非常普遍且有效的做法。在化工生产的过程中,会产生大量的余热,这些余热如果直接排放到环境中,不仅会造成能源的极大浪费,还会对环境造成一定的污染。然而,通过余热发电系统,可以将这些原本被浪费的余热转化为宝贵的电能,从而大大提高了能源的使用效率,实现了能源的高效利用。此外,危废处理的数字化监管体系同样扮演着至关重要的角色。通过建立一个全面的数字化监管平台,可以实现对危废从产生、运输到最终处理的全过程进行实时监控。这样的监管体系不仅能够确保危废处理的安全性,还能有效防治环境污染,确保危废得到安全、环保的处理。

(三)智能化工艺控制降低污染排放

化工企业通过引进先进的智能生产设备和技术,如自动化反应釜、智能控制系统等,实现了生产过程的自动化和智能化。这些设备能够根据生产需求自动调节工艺参数和反应条件,提高产品质量和生产效率。同时,企业还加强了对原料和产品的精细化管理,通过优化配方和减少损耗等措施,提高了资源利用效率。

1.人工智能驱动的污染源识别系统

在化工行业,智能化工艺控制对于降低污染排放至关重要。以河北三友化工为例,其在粘胶工艺优化中,借助 AI 算法实现了对废气排放的动态监测。AI 算法能够实时捕捉废气排放的各项参数,如成分、浓度、排放量等,并进行精准分析。一旦废气排放出现异常,系统会立即发出警报,以便企业及时采取措施进行调整。此外,图像识别技术在化工园区污染源定位中也发挥了重要作用。通过在园区内安装高清摄像头,利用图像识别算法对画面进行分析,能够快速准确地定位污染源的位置。例如,当监测到某一区域出现烟雾或异味时,图像识别系统可以迅速锁定具体的排放源,为后续的治理提供有力支持。

2.废水处理智能化

随着物联网、大数据、人工智能等技术的持续进步,化工园区废水处理正逐步迈向智能化。通过部署智能传感器和监测设备,可以实时获取废水处理过程中的关键数据,如水质、流量、温度等。利用云计算和人工智能算法对这些数据进行分析和优化控制,能够精确调整处理工艺参数,从而提升处理效率。此外,智能化管理系统还支持远程监控和故障预警功能,减少人工操作的复杂性及维护成本,进而提高整体运营效能。化工园区废水中含有丰富的有价值资源，包括重金属、盐类、有机物等。未来的废水处理将更加重视资源的回收与再利用，通过物理、化学或生物技术，将这些有价值的成分从废水中提取出来，进行净化或转化，以实现资源的循环使用。这不仅有助于减少环境污染，还能为企业创造经济利益，推动循环经济的发展。

3.智能化安全管控体系

在化工行业，安全是重中之重。AI巡检与数字孪生技术在预防泄漏事故中发挥着重要作用。AI巡检可以通过图像识别、传感器等技术，实时监测设备的运行状态，及时发现潜在的安全隐患。数字孪生技术可以构建虚拟的工厂模型，对实际生产过程进行模拟和优化，提前预测可能出现的问题。5G网络对危险品运输的实时监控支撑也为化工行业的安全提供了保障。通过5G网络，可以实现对危险品运输车辆的实时定位、状态监测和远程控制，确保危险品运输的安全。对比改造前后的事故率数据可以发现，智能化安全管控体系的应用有效提高了化工行业的安全性。

二、钢铁行业

钢铁行业作为传统制造业的重要组成部分，其绿色转型同样具有重要意义。数智化技术的应用，为钢铁行业的转型注入了新的活力。

（一）AI+转炉炼钢大模型

在钢铁行业，数据驱动的智能化技术正深刻改变着炼钢过程。AI+转炉智慧炼钢大模型主要应用冶金机理深度融合AI多模态大模型技术，采用"大模型决策＋深度学习"和冶金机理计算的架构，研发出转炉主原料模型、二次加料模型、优化造渣模型、动态氧枪模型、冶炼状态模型、渣状态计算模型、火焰分析模型、烟气分析模型、副枪模型、终点预测模型、合金化模型和自学习模型等。以邯郸市河北永洋特钢集团有限公司为例，通过"一键炼钢"实现了对转炉炼钢生产过程的动态监控、生产指导、一键炼钢和智能炼钢，可以达成原材料波动的适应计算、全程动态计算调整、优化造渣脱 P、喷溅返干的预测干预，提高金属收得率、提升各钢种的三命中率、缩短冶炼周期、减少副枪使用，通过自感知、自学习、自优化，达到降本增效、提质提产的目的。钢铁料消耗每吨可降低 2 千克—3 千克，吨钢成本降低 5 元以上。①

（二）全流程数字化质量监控

在钢铁行业的生产流程中，质量监控是确保产品品质的关键环节。传统的质量监控方式往往依赖于人工检测和抽样分析，不仅效率低下，而且难以全面覆盖生产过程中的每一个环节。随着数智化技术的应用，全流程数字化质量监控体系应运而生。该体系通过集成传感器、物联网、大数据分析等技术手段，实时监测生产过程中的各项参数指标，如温度、压力、成分等。通过对这些数据的实时采集、传输和分析，系统能够及时发现生产过程中的异常情况，并自动触发预警机制，通知相关人员进行处理。此外，系统还能够对历史数据进行深度挖掘和分析，建立质量预测模型，为生产决策提供科学依据，从而有效提升产品质量和生产效率。

以太钢炼钢二厂为例，太钢炼钢二厂基于 MES 系统自主研发的"AI 智慧炼钢助手"平台的正式投用，标志着传统钢铁生产向"智能感知、数据驱动、实时优化"的智慧管控模式迈出关键一步。这项创新成果不仅将操作工效提升了 30% 以上，更以数字化手段筑牢了质量与安全的双重防线。该平台通过深度集成生产设备与生产管理系统，构建起覆盖炼钢全工序的"数字孪生驾驶舱"。系统实时抓取钢种、炉号、控制要点、工序红线、作业区要点、过程内控等 9 类生产数据，并对需要特别注意的内容进行智能识别，以醒目的红色大字进行提示，形成了全工序导航系统，实现三大突破——智能风险预警：基于历史数据提前预警工艺偏离风险，主动推送"工序红线"提醒；动态工艺优化：结合当前

---

① 苏醒. 新质生产力邯郸行｜永洋特钢打造钢铁行业数字化转型创新模式 [EB/OL]. (2025-03-24) [2025-04-03]. https://baijiahao.baidu.com/s?id=1827521551628833091&wfr=spider&for=pc.

钢种与设备状态，自动生成个性化的"控制要点清单"；知识图谱应用：将3 000余条工艺规程构建为可检索的智能知识库，操作工可获取岗位专属的"控制要点"。①

（三）绿色钢材全生命周期追溯

在钢铁行业的绿色转型中，绿色钢材的研发和推广具有重要意义。然而，如何确保绿色钢材的品质和环保性能，并实现对产品全生命周期的有效追溯，是钢铁企业面临的一大挑战。数智化技术为此提供了解决方案。绿色钢材全生命周期追溯系统通过为每一批钢材赋予唯一的身份标识码（如二维码、RFID标签等），实现对产品从原材料采购、生产加工、质量检测、仓储物流到最终用户使用的全链条追踪。消费者或相关监管部门只需扫描身份标识码，即可获取该批钢材的详细信息，包括原材料来源、生产工艺、质量检测报告等。这一系统的应用，不仅提高了绿色钢材的市场信誉度和消费者认可度，还有助于企业及时发现并解决生产过程中的质量问题，实现对产品质量的持续改进。同时，通过追踪产品的使用情况和反馈意见，企业可以不断优化产品设计和生产工艺，推动绿色钢材的持续创新和发展。此外，绿色钢材全生命周期追溯系统还与企业的ERP、CRM等管理系统实现无缝对接，实现了数据的共享和协同。这不仅提高了企业内部的管理效率，还为企业的数字化转型和智能化升级奠定了坚实基础。

以宝山钢铁股份有限公司（简称"宝钢股份"）为例，宝钢股份数字化钢铁产品全生命周期碳足迹系统，实现了钢铁全品种、细化至每个钢卷的碳足迹测算。具有如下特点：采用数字钢卷（物料树）模型，实现了每个明细钢卷的碳足迹计算，做到每一个钢卷碳足迹可追溯、可分析、可报告、可核查；根据钢铁产品流程长、机组多、路径复杂的特点，首创在LCA碳足迹模型中内嵌了分工序机组、中间产品碳足迹模型，实现对不同机组、不同路径的碳足迹负荷对比，满足产品最优工序、最优路径设计需求；上

---

① 中国钢铁工业协会不锈钢分会.太钢炼钢二厂AI全流程智能智造开启新纪元［EB/OL］.（2025-03-06）［2025-04-03］.https://www.cssc.org.cn/page93?article_id=7922.

游与欧冶工业品公司的"欧贝零碳"系统进行了数据对接，获取钢铁产品上游辅助材料的碳足迹信息，钢铁产品绿色产业链迈出了重要一步；实现宝钢股份钢铁产品 LCA 计算的背景数据统一、计算模型统一，未来可升级为行业公共数据库；具有广泛的功能拓展空间，包括结合系统自动计算的碳足迹数据生成 LCA 报告、针对特定用户提供产品碳标签、减碳工艺模拟产品碳足迹测算、CBAM 产品碳排放测算、与下游用户产品对接等。[1]

三、陶瓷行业

陶瓷企业通过引进先进的智能生产设备和技术，如自动化陶瓷成型机、智能窑炉等，实现了生产过程的自动化和智能化。这些设备能够根据生产需求自动调节工艺参数，提高生产效率和产品质量。同时，企业还加强了对原料的精细化管理，通过优化配方和减少损耗等措施，提高了原料的利用效率。

（一）智能化生产

在现代工业生产中，陶瓷企业通过引入智能化生产线，成功地将生产过程自动化和智能化。这一转变使得企业能够借助先进的物联网技术和人工智能技术，实时监测和分析生产过程中的各项关键数据。通过对这些数据的实时监控，企业能够及时发现生产中的问题并迅速作出调整，从而优化生产流程，显著提高生产效率。此外，智能化生产方式还带来了产品质量的提升，因为自动化设备能够更加精确地控制生产过程中的每一个环节。同时，智能化生产线的使用也有效地降低了能源消耗、减少了生产过程中的排放，这对于环境保护和可持续发展具有重要意义。

---

[1] 上海经信委.【绿色低碳新赛道】宝钢股份数字化钢铁产品全生命周期碳足迹系统［EB/OL］.（2023-07-21）［2025-04-03］.https://sghexport.shobserver.com/html/baijiahao/2023/07/21/1079455.html.

（二）绿色设计

在当今这个快速发展的社会中，陶瓷企业正积极地投身于绿色转型的浪潮之中。陶瓷企业采取了一系列重要的举措，其中最关键的一项就是注重绿色设计。这些企业通过精心挑选环保材料，并将创新的环保设计理念融入产品设计中，从而能够生产出既赏心悦目又完全符合环保标准的陶瓷产品。这种绿色设计的实践不仅显著提升了产品的市场竞争力，使得这些企业在激烈的市场竞争中脱颖而出，而且还大大增强了企业的环保形象，赢得了消费者的信任和好评。通过这样的转型，陶瓷企业不仅为环境保护做出了贡献，同时也为自身的发展开辟了新的道路。

（三）清洁燃料替代路径

在陶瓷行业，清洁燃料替代是实现绿色转型的重要途径。天然气和生物质能替代煤制气具有较好的技术经济性。以佛山陶瓷集群改造为例，通过政策引导和企业自主创新，大量陶瓷企业采用天然气或生物质能作为燃料，减少了污染物排放。然而，电窑炉推广中的电价制约是一个不容忽视的问题。电窑炉具有清洁、高效的优点，但较高的电价增加了企业的生产成本，限制了电窑炉的大规模应用。政府通过出台相关政策，如电价补贴等，与企业技术创新相结合，形成政策组合拳，推动了陶瓷行业的清洁燃料替代。

（四）3D打印重塑制造流程

3D打印技术在陶瓷行业的广泛应用，彻底重塑了传统的制造流程，带来了革命性的变革。通过引入先进的数字化成型技术，陶瓷生产过程中的原料浪费问题得到了显著的改善和有效控制。具体而言，相较于传统的注浆工艺，3D打印技术展现出了其独特的优势：它能够根据预先设定的设计要求，精确地使用每一份原料，避免了浪费。这种精准控制不仅提升了原料的利用率，还大大减少了生产过程中的废料产生，从而实现了资源的高效利用和成本的优化。3D打印技术的引入，为陶瓷行业带来了更加高效、环保的生产方式，推动了整个行业的转型升级。

（五）窑炉智能温控系统

机器学习算法在窑炉烧成曲线优化中的深入应用，显著提升了陶瓷产品的整体质量水平。具体而言，该算法通过对海量生产数据的细致分析和深度学习，能够精准地优化烧成曲线的各个关键参数，使得窑炉内部的温度分布更加均匀稳定，从而有效减少了因温度不均导致的陶瓷产品缺陷，大幅提高了产品的优等率。此外，窑炉的余热回收装置经过物联网技术的全面改造升级，不仅实现了余热的高效回收，还通过智能控制系统优化了余热的再利用过程，进一步提升了能源利用效率，为陶瓷生产线的节能减排做出了重要贡献。

（六）废弃物回收

在陶瓷产业的生产活动中，不可避免地会产生大量的废弃物，这些废弃物包括废瓷片、废釉料以及其他一些残余材料。面对环境保护和可持续发展的要求，陶瓷企业正致力于寻找有效的解决方案，以减少对环境的影响。为了实现绿色转型，这些企业正在积极地探索和实践废弃物的回收和再利用方法。通过不断的技术创新和工艺改进，企业已经能够将这些原本被视为无用的废弃物转化为具有实际价值的资源。例如，废瓷片经过特殊处理后可以被重新用于生产新的陶瓷产品，而废釉料可以被加工成各种类型的砖块。这些做法不仅减少了对原材料的需求，降低了生产成本，同时也实现了资源的循环利用，为陶瓷行业带来了新的生机和活力。

四、转型路径与未来展望

(一)政策—技术—资本协同机制

专项基金与碳交易市场的联动效应在传统制造业绿色转型中具有重要意义。专项基金可以为企业的绿色转型提供资金支持,碳交易市场则可以通过市场机制引导企业减少碳排放。以长三角产业集群为例,政府设立专项基金,支持企业开展绿色技术的研发和应用,同时推动碳交易市场的建设,形成了良好的政策—技术—资本协同机制。然而,工业互联网平台标准化建设存在一定难点。不同企业的生产流程和信息化水平差异较大,难以制定统一的标准。通过加强政府引导、行业协会协调和企业合作,可以逐步解决这些问题,构建良好的产业生态。

(二)数智化与绿色化协同机制

在当今世界,数智化与绿色化在传统制造业中的协同作用,已经成为推动可持续发展的重要驱动力。这种协同机制不仅能够帮助企业在激烈的市场竞争中脱颖而出,而且对于环境保护和资源节约具有深远的意义。以下几点详细阐述了这一协同机制的主要表现。

1. 数据驱动的绿色决策

在数智化技术的辅助下,企业能够利用大数据分析、云计算等手段,实时监控和收集生产过程中的能耗数据、排放数据等关键信息。这些数据的分析结果能够帮助企业做出更加科学、精准的绿色决策。例如,通过深入的数据分析,企业可以优化生产流程,减少不必要的能耗与排放,从而实现资源的高效利用和环境的保护。

2. 智能化生产提升能效

通过引入智能设备与系统,如智能传感器、物联网技术等,企业能够实时监测设备的运行状态,并自动调节至最佳工作模式。这种智能化的生产方式能够有效提升能效,降低能源消耗。此外,智能生产线的灵活配置,有助于实现个性化定制与规模化生产的平衡,从而减少资源浪费,进一步推动绿色生产。

3.绿色供应链的构建

数智化技术的应用促进了供应链上下游企业之间的信息共享与协同工作,这对于构建绿色供应链至关重要。企业可以通过数智化平台,对供应商进行绿色评估与选择,确保供应链的每一个环节都符合低碳、环保的要求。这种做法不仅有助于降低整个供应链的环境影响,而且能够推动整个行业向更加绿色、可持续的方向发展。

4.消费者参与的绿色创新

利用数智化手段,企业能够更直接地收集消费者对于绿色产品的需求与反馈,从而推动绿色创新。例如,通过数据分析了解消费者对于环保材料、节能产品的偏好,企业可以更准确地指导产品研发与生产,确保产品设计与市场需求保持一致。这种以消费者为中心的绿色创新,不仅能够提升企业的市场竞争力,而且有助于推动整个社会的绿色消费趋势。

(三)AI与绿色技术深度融合

工艺优化算法在流程工业中的应用前景广阔。通过AI技术对生产数据进行分析和挖掘,可以优化生产流程,提高生产效率,降低能源消耗和污染物排放。数字孪生对碳足迹模拟的技术突破,可以为企业提供更加准确的碳核算数据,帮助企业制定更加科学的减排策略。量子计算的潜力也为能源系统重构带来了可能。量子计算具有强大的计算能力,可以解决复杂的能源优化问题,提高能源系统的效率和稳定性。未来,AI与绿色技术的深度融合将推动传统制造业实现更加高效、绿色的发展。

（四）新型生产力培育策略

1.人才队伍建设

加强数智化人才与绿色人才的引进与培养是实现绿色转型的基础。企业应与高校、科研机构建立紧密的合作关系，共同培养具备数智化技能与绿色理念的复合型人才。同时，通过内部培训、外部引进等方式，提高现有员工的数智化水平与绿色素养，确保团队能够适应数智化时代的需求，推动绿色转型的进程。

2.技术创新体系构建

加大数智化与绿色技术的研发投入，构建以企业为主体、市场为导向、产学研深度融合的技术创新体系至关重要。企业需要鼓励员工参与技术创新活动，通过设立创新基金、提供创新平台等措施，激发员工的创新潜能，形成持续的创新动力。此外，企业还应与外部研究机构和高校合作，共同开发新技术，以保持在绿色转型领域的竞争优势。

3.管理模式变革

推动管理模式由传统向数智化、绿色化转变是实现绿色转型的关键。企业需要建立数据驱动的决策机制，利用大数据分析来优化生产流程与组织架构，提升管理效率与响应速度。同时，将绿色理念融入企业文化，形成全员参与的绿色转型氛围，确保每一位员工都能在日常工作中实践绿色理念，共同推动企业的绿色转型。

4.政策与市场机制引导

充分利用政策与市场机制，引导企业向数智化、绿色化方向发展是推动绿色转型的重要手段。政府可以出台相关政策，如税收优惠、资金补贴等，鼓励企业加大数智化与绿色技术的投入，支持企业进行绿色创新。同时，通过市场机制，如碳交易、绿色信贷等，推动企业主动进行绿色转型，实现经济效益与环境效益的双赢。企业也应积极响应政策号召，主动融入绿色发展的大潮中。

（五）全球化竞争与合作新格局

欧盟碳关税对出口型企业的影响不容忽视。欧盟碳关税的实施将增加我国出口型企业的成本，降低产品的市场竞争力。企业需要加强绿色转型，提高产品的绿色属性，以应对欧盟碳关税的挑战。"一带一路"绿色产能合作是我国传统制造业走出去的重要机遇。通过向东南亚等地区输出绿色技术和产能，建设绿色产业园，可以实现互利共赢。例如，某企业在东南亚建设的产业园，采用先进的绿色技术，实现了当地产业的升级和环境的改善，为当地经济发展做出了贡献。在全球化竞争与合作的新格局下，传统制造业需要不断创新，加强国际合作，共同推动全球绿色发展。

（六）小结

数智化技术在其他传统制造业的广泛应用，为这些行业实现绿色转型提供了有力支持。通过引进智能设备、应用物联网技术和大数据与人工智能技术等措施，这些行业能够实现对生产过程的精准控制和实时监测，优化资源配置，降低生产成本和能耗。未来，随着数智化技术的不断发展和完善，其他传统制造业也将实现更加绿色、高效的生产模式。

第五章 传统制造业绿色转型的挑战与对策

传统制造业作为国民经济的重要支柱，长期以来为国家的经济发展做出了巨大贡献。随着全球对环境保护和可持续发展的日益重视，传统制造业的绿色转型显得尤为关键，它对于实现经济、社会和环境的可持续发展具有深远的意义。然而，在这一转型过程中，传统制造业面临着诸多挑战和困难。本章将深入探讨传统制造业在绿色转型过程中所面临的三大挑战——技术挑战、人才挑战、政策与市场挑战，并据此提出应对策略与建议。

第一节 技术挑战：数智化技术的选型与集成

在传统制造业绿色转型的过程中，技术挑战是不可忽视的一环。这一转型过程，不仅牵涉到生产方式要实现根本性的变革，而且还要求企业必须在环境保护以及资源节约等方面投入努力。在这方面，数智化技术的选型与集成，作为转型过程中极为关键的一个步骤，更是面临一连串繁杂的问题。在本节中，笔者将对这一挑战展开探讨，分析其背后的原因，同时提出相应的对策。

一、数智化技术选型的复杂性

数智化技术为传统制造业带来了前所未有的机遇。应用这些技术后，企业便能实现生产过程的自动化和智能化。如此一来，能极大提升企业的生产效率，也能显著降低企业的能耗和排放，进而促使企业朝更加绿色且可持续的发展道路迈进。然而，需要注意的是，在众多的数智化技术中，怎样挑选最契合自身企业实际情况的技术，变成了一个极为棘手的问题。比如，有的企业可能更注重生产效率的提升，那么就需要选择那些对自动化提升效果更明显的技术；而有的企业可能更侧重于降低能耗和排放，那么就需要优先考虑在这方面有突出优势的技术，所以选择的过程充满了复杂性和不确定性。

（一）技术多样性

随着科技的飞速发展，数智化技术日新月异，种类繁多。从大数据分析到人工智能算法，从物联网技术到云计算平台，每一种技术都有其独特的优势和适用范围。企业需要在众多的选项中筛选出最适合自身需求的技术，这无疑是一项艰巨的任务。同时，企业还需要考虑技术的兼容性和可扩展性，确保所选技术能够与现有的生产系统和业务流程无缝对接。此外，技术的快速迭代也给企业的选择带来了额外的压力。今天看似先进的技术，明天可能就被更新的技术所取代。因此，企业不仅要关注当前技术的性能，还要预测其未来的发展趋势，以避免因技术过时而导致的投资浪费。这种对未来技术走向的预判能力，对于企业的决策者来说是一个巨大的考验。同时，技术多样性还要求企业具备跨领域的知识储备和人才团队，以便更好地理解和评估不同技术的潜在价值和应用前景。

（二）技术成熟度与稳定性

新技术的引入往往伴随着一定的风险。企业在选型时，必须考虑技术的成熟度和稳定性。过于前沿的技术可能尚未经过市场的充分检验，存在潜在的不确定性和风险。而成熟稳定的技术可能缺乏创新性和竞争力。因此，企业需要在创新与风险之间找到平衡点，选择那些能够提供稳定性能同时又具有一定前瞻性的技术。这不仅要求企业具备敏锐的市场洞察力，还需要有强大的技术研发和测试能力，以便在引入新技术之前进行充分的验证和评估。企业还应关注技术供应商的实力和信誉，选择有良好售后服务和技术支持的合作伙伴，以确保在技术选型后能够获得持续的技术保障和升级服务。通过这些措施，企业可以在技术成熟度与稳定性方面做出更为明智的决策，为数智化转型奠定坚实的基础。

（三）成本与效益权衡

数智化技术的引入需要投入大量的资金和资源。企业需要在成本与效益之间进行权衡，确保所选技术能够带来足够的回报。这要求企业具备敏锐的市场洞察力和精准的决策能力。同时，企业还需要评估技术投资的长期回报，包括提高生产效率、降低运营成本、增强市场竞争力等，以确保投资的可持续性和有效性。为了实现这一目标，企业可以采取多种策略。首先，建立全面的成本效益分析体系，对技术投资进行全面评估，包括直接成本、间接成本以及潜在收益。其次，设定明确的投资回报目标和时间表，以便在技术引入后进行有效的跟踪和评估。企业可以考虑采用分阶段实施的方式，逐步引入数智化技术，以降低一次性投入的风险。最后，加强内部沟通与合作，确保各部门对技术投资理解和支持，也是实现成本与效益权衡的关键。通过这些措施，企业可以在数智化转型过程中实现成本的最小化和效益的最大化。

（四）技术的可持续发展性

企业在进行技术选型的过程中，除了关注当前的技术性能和成本效益，还应当深入考虑技术的可持续发展性。这意味着企业需要评估所选技术是否能够适应未来的发展趋势，是否能够满足长远的业务需求和技术演进。随着全球对环境保护的重视，企业还必须确保所采纳的技术符合环保标准和要求，减少对环境的负面影响，实现绿色可持续发展。同时，企业内部的员工培训和文化建设也是不可忽视的因素。为了确保技术的可持续性发展，企业内部的员工需要不断提升自身的技能水平，以适应新技术的引入和应用。企业应当定期组织培训课程，帮助员工掌握最新的技术知识和技能，提高整体的技术应用能力。此外，企业还需要建立一种鼓励创新和学习的文化氛围，激发员工的积极性和创造力，为技术的持续改进和创新提供源源不断的动力。这样的内部环境有助于企业更好地应对技术变革带来的挑战，确保所选技术的长期有效性和竞争力。

综上所述，随着科技的飞速发展，数智化技术的更新换代速度变得极其迅速。企业在投入大量资源进行技术选型的过程中，不可避免地面临技术快速迭代所带来的风险。因此，企业必须思考如何确保所选择的技术能够持续满足企业转型的需求，以及如何在技术不断迭代的过程中保持企业的竞争优势，这些都是企业必须面对并解决的关键问题。

二、数智化技术集成的难度

数智化技术的选型只是转型的第一步，技术的集成则是更为复杂的挑战。

（一）系统兼容性问题

在当今快速发展的数智化时代，企业面临着各种技术的融合与应用。不同的数智化技术可能基于不同的技术架构和平台，如云计算、大数据、人工智能等。这些技术在为企业带来高效和便捷的同时，也带来了系统兼容性问题。在技术集成过程中，企业需要解决系统之间的兼容性问题，确保各系统能够无缝对接、协同工作。这需要大量的技术攻关和协调工作，以确保数据的准确传输和处理，以及业务流程的顺畅进行。为了应对这些挑战，企业需要引入中间件、API 网关等技术手段，以实现不同系统之间的有效通信。同时，企业还需要建立相应的技术标准和规范，以解决兼容性问题。此外，对于遗留系统，可能还需要进行技术升级或改造，以适应新的技术架构和平台。这些工作不仅需要技术团队的紧密合作，还需要管理层的支持和资源投入，以确保兼容性问题能够得到及时和有效的解决。

（二）数据整合与共享

数智化技术的核心在于数据的收集、分析和利用。然而，不同系统之间的数据格式、存储方式和访问权限可能存在差异，导致数据整合和共享成为一大难题。企业需要建立统一的数据标准和共享机制，确保数据的准确性和时效性。此外，数据整合不仅涉及技术层面的挑战，还包括管理层面的协调和沟通。为了实现数据的有效整合，企业必须制定明确的数据治理策略，包括数据质量控制、数据安全保护以及数据生命周期管理。同时，跨部门、跨业务的数据共享机制也至关重要，它能够促进信息的流通和知识的共享，从而提升整个组织的决策效率和业务协同能力。在此基础上，利用先进的数据整合工具和平台，如数据湖和数据仓库，可以进一步优化数据整合流程，提高数据处理的自动化和智能化水平。最终，通过这些综合措施，企业能够更好地应对数据整合与共享的挑战，充分发挥数据资产的价值。

（三）安全与隐私保护

在数智化转型过程中，企业的数据安全和隐私保护面临着前所未有的挑战。随着技术的快速发展和集成，企业不仅需要应对日益增长的数据量，还要确保这些数据在存储、传输和处理过程中的安全。技术的集成可能增加系统的复杂性和漏洞，使得企业更容易受到网络攻击和数据泄露的威胁。因此，企业需要在技术集成的同时加强安全防护措施，确保数据的安全性和隐私性。这包括但不限于采用先进的加密技术、实施严格的数据访问控制、定期进行安全审计和漏洞扫描，以及建立有效的应急响应机制。此外，企业还应关注员工的安全意识培训，确保每位员工都能理解并遵守数据保护的最佳实践。只有这样，企业才能在数智化转型的浪潮中，确保自身的数据安全和隐私保护工作不落后，从而在激烈的市场竞争中保持优势。

三、应对策略

针对数智化技术选型与集成的挑战，企业可以采取以下策略进行应对。

第一，加强技术研发与合作。企业可以加大在数智化技术研发方面的投入，提升自身的技术创新能力。通过不断探索和研究，企业能够开发出更多前沿技术，从而在激烈的市场竞争中保持领先地位。同时，积极寻求与外部合作伙伴的合作，共同攻克技术难题，实现技术的快速迭代和升级。这种合作不仅限于同行业内的企业，也可以跨行业寻找合作伙伴，通过跨界合作，引入新的思维和技术，为企业带来创新的灵感和动力。此外，企业还应注重与高校、研究机构的合作，利用这些机构在基础研究方面的优势，加速技术成果的转化应用。通过建立稳固的合作关系，企业能够更好地整合资源，形成技术发展的合力，最终推动整个行业的技术进步和产业升级。

第二，建立标准化体系。在当今这个快速发展的数字化时代，企业要想在激烈的市场竞争中脱颖而出，建立一套统一的数智化技术标准和规范体系显得尤为重要。通过这样的标准化工作，企业能够确保其内部不同系统之间具备良好的兼容性和互操作性。这种兼容性和互操作性不仅能够降低技术集成的难度，减少企业在技术融合过程中可能遇到的障碍，而且还能显著降低相关的成本投入。此外，统一的技术标准和规范体系对于提高系统的整体性能和稳定性也具有不可忽视的作用。当各个系统能够顺畅地协同工作时，企业能够更加高效地处理数据，快速响应市场变化，从而在竞争中占据有利地位。因此，企业必须重视数智化技术标准和规范体系的建立，将其作为提升企业核心竞争力的关键步骤。

第三，强化数据管理与安全。企业应建立并不断完善其数据管理制度，同时制定严格的安全防护措施，以确保数据的准确性、完整性和安全性。这不仅涉及数据的存储和传输过程，还包括数据的处理和使用环节。通过采用先进的加密技术，企业可以有效地保护数据不被未授权访问，同时，访问控制机制确保只有经过授权的人员才能访问敏感信息。此外，审计机制的实施可以帮助企业监控数据的使用情况，及时发现和处理异常行为，从而有效防范数据泄露和网络攻击等风险。

第四，培养专业人才队伍。数智化转型需要一批具备专业技能和创新精神的人才队伍作为支撑。企业应加强对员工的培训和教育力度，提升他们的数智化素养和综合能力水平。同时，积极引进外部优秀人才，为企业数智化转型提供有力的人才保障。此外，企业应建立激励机制，鼓励员工参与数智化转型的创新实践，激发他们的积极性和创造力。通过设立创新奖励、提供职业发展机会等措施，企业可以吸引更多人才投身于数智化转型事业，形成人才辈出的良好局面。同时，加强与高校、科研机构的合作，共同培养数智化转型所需的复合型人才，也是企业应对人才挑战的有效途径。

四、小结

数智化技术的选型与集成是传统制造业绿色转型过程中的一大挑战。面对这一挑战，企业需要在加强技术研发与合作、建立标准化体系、强化数据管理与安全以及培养专业人才队伍等方面做出努力。只有这样，才能确保数智化技术在传统制造业绿色转型中发挥更大的作用和价值。

第二节 人才挑战：技能转型与团队培养

在传统制造业绿色转型的过程中，人才挑战已然成为关键制约因素之一。因为这一转型绝非只是技术层面的革新，还需要人才结构实现全面提升。本节将探讨传统制造业在开展绿色转型时所面临的人才挑战，并且针对这些挑战提出相应的对策。

一、人才短缺与结构性失衡

随着全球对环境保护和可持续发展的日益重视，绿色转型已成为各行各业尤其是传统制造业的重要发展方向。这一转型不仅涉及生产技术的革新,更需要在人才结构上进行相应的调整和优化。当前,绿色转型对人才的需求呈现出多元化、专业化的特点。然而,我们发现,传统制造业的人才结构往往以传统技术工人和管理人员为主,这些人才在环保、能源管理、绿色设计等新兴领域的专业技能上存在明显的不足。这种人才短缺与结构性失衡,严重制约了绿色转型的进程,使得企业在面对绿色发展的挑战时显得力不从心。

(一)环保专业人才匮乏

随着绿色转型的不断推进,企业被要求在生产过程中不仅要在产品的设计、制造、使用乃至废弃的整个生命周期中全面贯彻环保理念,而且还要减少污染、降低能耗。但是,目前许多企业面临的一个重大问题是技术工人和管理人员普遍缺乏必要的环保专业知识和实践经验。这种状况使得企业在推进绿色转型的过程中遭遇了巨大的困难和挑战。他们迫切需要学习和掌握一系列关键技能,包括如何在生产过程中有效地控制和减少废弃物的产生、如何明智地选择和使用环境友好型材料,以及如何确保产品在使用完毕后能够被安全地回收或降解,从而最大限度地减少对环境的影响。

(二)能源管理人才不足

能源管理在实现节能减排的过程中扮演着至关重要的角色,它要求企业不仅需要合理规划和使用能源资源,而且要致力于提高能源的利用效率,从而达到减少能源消耗和降低碳排放的目的。然而,在传统制造业领域,具备能源管理相关知识和技能的专业人才相对稀缺,这在很大程度上限制了企业向绿色转型迈进的步伐。这些紧缺的人才不仅需要掌握对能源消耗进行有效监测、深入分析和持续优化的技能,还应能够设计和执行节能改造项目,以及积极推广和应用清洁能源和可再生能源技术,以支持可持续发展的战略目标。

(三)绿色设计人才稀缺

绿色设计,作为绿色制造不可或缺的一部分,强调设计师在构思产品功能和性能的同时,必须同样重视产品的环保性能以及可持续性。设计师在设计阶段需要深入思考并作出决策,包括选择合适的材料、优化生产工艺、延长产品寿命以及规划废弃处理等关键环节,以确保产品从设计的初始阶段直至最终废弃的整个生命周期中对环境的负面影响被尽可能地减少。尽管如此,当前能够熟练掌握并实践绿色设计原则的设计师数量相对较少,这种状况限制了绿色产品的开发和广泛推广,同时也对那些致力于实现绿色转型的企业构成了挑战,减缓了它们在可持续发展道路上的前进速度。

二、人才培养体系不完善

除了人才短缺与结构性失衡,传统制造业在绿色转型过程中还面临着人才培养体系不完善的问题。现有的教育体系往往侧重于传统技术的传授,而忽视了环保、能源管理、绿色设计等新兴领域的人才培养。这不仅限制了行业内部的创新和发展,也使得企业在寻求绿色转型时难以找到合适的专业人才。

(一)教育体系滞后

当前的教育体系尚未形成完善的绿色人才培养机制,导致绿色转型所需的人才供给不足。学校和教育机构在课程设置上往往缺乏与绿色技术、可持续发展相关的专业课程,使得学生在毕业后难以适应绿色产业的需求。此外,教育体系在实践教学方面也存在不足,学生缺少将理论知识应用于实际问题的机会,这在很大程度上制约了他们解决复杂环境问题的能力。因此,为了推动绿色转型,教育体系需要进行改革,以适应新时代对绿色人才的需求。一方面,学校和教育机构应当增设绿色技术、可持续发展等专业课程，让学生在学习过程中就能够接触到前沿的环保理念和技术。另一方面，加强实践教学环节，通过与企业合作、建立实习基地等方式，为学生提供更多将理论知识转化为实践能力的机会。同时，鼓励和支持学生参与绿色设计、绿色制造等相关项目，让他们在实践中锻炼和提升自己的专业技能，为将来的绿色产业发展储备更多的人才。

（二）企业培训不足

虽然一些企业已经意识到绿色转型的重要性，但是在人才培养方面投入不足，缺乏系统的培训计划和实践机会。企业往往更注重短期的经济效益，而忽视了长期的人才培养和知识更新。这导致企业内部缺乏足够的专业人才来推动绿色技术的研发和应用。同时，企业与教育机构之间缺乏有效的合作机制，使得企业难以参与人才培养的全过程，进一步加剧了人才短缺的问题。此外，企业培训的内容往往局限于现有的技术和流程，缺乏前瞻性和创新性。在绿色转型的背景下，企业需要的不仅仅是掌握传统技能的人才，更需要具备创新思维和绿色理念的人才来引领企业的未来发展。然而，当前的企业培训往往忽视了这一点，导致人才在绿色转型过程中难以发挥应有的作用。因此，加强企业培训，提升人才的绿色技能和创新能力，已成为传统制造业绿色转型中亟待解决的问题。

（三）社会认可度不高

由于绿色转型尚处于起步阶段，社会对绿色人才的认可度不高，导致人才流失和流动性大。社会大众对于绿色职业的认知和重视程度不足，使得从事绿色工作的专业人才难以获得应有的社会地位和经济回报。这种现象不仅影响了潜在人才选择绿色职业的意愿，也使得已经投身于绿色产业的人才感到缺乏归属感和成就感，从而选择离开。此外，绿色转型所需的技能和知识在现有社会评价体系中尚未得到充分认可。许多传统的职业资格认证和评价体系尚未涵盖绿色技能和知识，导致具备这些技能和知识的人才在求职和职业晋升过程中面临诸多困难。这不仅限制了绿色人才的职业发展,也进一步加剧了社会对绿色人才认可度不高的现状。因此,建立更加全面和科学的绿色人才评价体系,提高社会对绿色职业的认可度和重视程度,对于吸引和留住绿色人才具有重要意义。

三、激励机制不完善,人才流失严重

在当今这个竞争激烈的时代,人才激励机制成为企业吸引和留住优秀人才的核心要素。特别是在传统制造业向绿色转型迈进的关键时期,健全的人才激励机制显得尤为重要。它不仅能激发人才的潜力,还能促进企业的可持续发展。然而,在现实中,许多企业在这一转型过程中的人才激励机制并不完善,这在很大程度上限制了人才积极性和创造力的发挥。因此,企业必须重视并优化人才激励机制,以满足绿色转型的迫切需求。以下是几个需要改善的方面。

(一)薪酬体系不合理

在绿色转型的背景下,企业需要的人才通常具备较高的专业技能和丰富的实践经验。这些人才对于薪酬的期望远远超出了基本工资,他们更看重绩效奖金、股权激励等能够体现个人价值和贡献的回报形式。然而,现行的薪酬体系往往无法充分反映这些人才的实际价值,导致他们的付出与回报不成比例。这种不合理的薪酬体系不仅挫伤了人才的工作积极性,也削弱了他们对企业的忠诚度,进而影响了企业的长期发展和人才的留存。此外,薪酬体系不合理还体现在缺乏市场竞争力上。随着绿色产业的蓬勃发展,市场上对绿色人才的需求日益增加,这使得具备专业技能和实践经验的人才成为各大企业竞相争夺的对象。然而,一些企业由于薪酬体系设置滞后,未能及时调整薪酬水平以应对市场竞争,导致人才流失严重。为了吸引和留住这些关键人才,企业必须重新审视并调整薪酬体系,确保其既能反映人才的实际价值,又具备市场竞争力。

（二）晋升通道不畅

绿色转型是一个充满挑战和探索的过程，而企业内部的晋升机制往往未能及时适应这一变化。晋升通道的不明确和不畅通，不仅影响了人才的职业规划，也限制了他们职业发展的空间。在这样的环境下，人才很难看到自己在企业中的成长路径，这使得他们对于长期留在企业感到迷茫，增加了人才流失的风险。因此，建立一个明确且畅通的晋升机制，对于留住关键人才至关重要。此外，晋升通道的不畅还导致企业内部人才竞争的激烈化。由于晋升机会有限，人才之间为了争取有限的资源，可能会出现不正当竞争，这不仅破坏了团队氛围，还可能引发内部矛盾，进一步影响企业的整体绩效。因此，优化晋升通道，确保每位人才都有公平的发展机会，是维护企业内部和谐、促进人才合理流动的关键举措。同时，企业还应加强对人才的职业规划指导，帮助他们明确职业目标，从而更好地激发他们的工作动力和创造力。

（三）激励机制缺乏创新

在当今的商业环境中，众多企业倾向于过分依赖物质奖励作为激励机制的核心，却忽略了精神激励和职业发展机会对于人才的重要性。事实上，人才的需求是多方面的，他们不仅寻求物质上的满足和报酬，更加重视个人成长的机会、职业上的成就感以及精神上的认可。企业若能提供丰富的培训资源、专业的职业规划指导，以及参与关键项目的机会，将能有效地激发人才的内在动力和创新潜能。通过创新和优化激励机制，企业能更好地满足人才的多元化需求，从而在竞争激烈的市场中吸引和留住更多的优秀人才，为企业的长远发展奠定坚实的人力资源基础。

（四）工作环境与文化

支持创新和可持续发展的企业文化对于吸引和留住人才至关重要。企业需要营造一个开放、包容的工作环境，鼓励员工提出新想法，并为他们提供实验和实践这些想法的平台。此外，企业还应重视社会责任，通过参与环境保护和社会公益活动，提升企业的社会形象，从而吸引那些对社会有责任感的人才。积极向上的企业文化不仅能吸引人才，还能激发他们的工作热情和创造力，为企业的绿色转型提供强大的动力。这种文化能够促进员工之间的相互尊重和团队合作，通过建立一个积极的反馈机制，让员工感受到他们的贡献被认可和重视。同时，企业应该提供持续的学习和发展机会，帮助员工不断成长和提升自己的技能，以适应不断变化的工作环境。通过这些措施，企业不仅能够吸引和保留优秀人才，还能确保这些人才能够持续地为企业的长期成功做出贡献。

四、多维协同的人才培育路径

（一）产教融合的生态化培养

构建"政企校"三方协同机制是解决传统制造业人才问题的关键举措。政府在其中发挥着引导和支持的作用，通过制定相关政策，鼓励企业与院校开展合作，为人才培养提供政策保障和资金支持。企业根据自身的用人需求，与院校进行定向培养，为学生提供实习和就业机会。院校则负责制定教学计划，传授专业知识和技能，培养符合企业需求的人才。

实训基地共建是"政企校"三方协同的重要体现。政府可以出资建设公共实训基地，企业提供设备和技术支持，院校则负责组织学生进行实践操作。通过实训基地的建设，学生可以在真实的工作环境中学习和实践，提高自己的实际操作能力和解决问题的能力。

德国双元制[①]教育模式为我国产教融合提供了有益的借鉴。在德国，学生一半时间在学校学习理论知识，一半时间在企业进行实践操作，这种教育模式使得学生能够将理论知识与实践相结合，毕业后能够直接进入企业工作。我国可以借鉴德国双元制教育模式，加强校企合作，提高人才培养的质量。

（二）动态激励机制创新

设计技能分级薪酬模型与股权激励方案是激发员工积极性和创造力的重要手段。技能分级薪酬模型根据员工的技能水平和工作表现进行薪酬分级，使得员工的薪酬与技能水平和工作表现挂钩，激励员工不断提升自己的技能水平。股权激励方案则通过给予员工一定的股权，使得员工成为企业的股东，与企业共享发展成果，增强员工的归属感和责任感。荣誉体系与社会保障强化措施也是动态激励机制的重要组成部分。企业可以设立各种荣誉称号，对表现优秀的员工进行表彰和奖励，激发员工的工作热情和荣誉感。同时，企业还可以加强社会保障，为员工提供更好的福利待遇，解决员工的后顾之忧。长三角地区在人才挽留政策创新方面做出了积极的探索，杭州、南京等多个城市为了留住人才，推出了"技能人才积分落户"政策，根据员工的技能水平和工作表现进行积分，积分达到一定标准的员工可以享受落户政策。这种政策创新不仅提高了员工的工作积极性和归属感，也为企业留住了大量的优秀人才。

（三）绿色技能认证体系建设

制定涵盖节能减排、循环利用的标准化课程体系是绿色技能认证体系建设的基础。院校和培训机构可以根据绿色转型的需求，开发相关的课程，传授节能减排、循环利用等方面的知识和技能。同时，还可以建立标准化的课程体系，确保课程的质量和教学效果。推动国际绿色技能资格互认是

---

① 德国双元制是来源于德国的一种职业培训模式，要求参加培训的工作人员通过两个场所的培训合格之后才能上岗工作。在德国，这种模式在企业中应用广泛，正在被我国的一些企业借鉴或采用。

绿色技能认证体系建设的重要方向。欧盟绿色技能框架为我国提供了有益的参考。欧盟通过制定统一的绿色技能标准和认证体系，促进了成员国之间的绿色技能人才流动和合作。我国可以借鉴欧盟的经验，加强与国际组织和其他国家的合作，推动国际绿色技能资格互认，提高我国绿色技能人才的国际竞争力。通过建立绿色技能认证体系，可以为企业选拔和培养优秀的绿色人才提供依据，也可以为员工提供一个明确的学习和发展方向，促进员工不断提升自己的绿色技能水平。

五、小结

传统制造业的绿色转型是一项长期而艰巨的任务，人才挑战是其中不可忽视的一环。只有不断优化人才结构、完善激励机制、加强产学研合作并营造良好的企业文化，才能为绿色转型提供坚实的人才保障。未来，随着绿色转型的深入推进，传统制造业的人才队伍必将迎来更加广阔的发展空间和更加重要的历史使命。

第三节 政策与市场挑战：法规遵循与市场接受度

一、企业需适应日益严格的环保法规

随着全球气候变化和环境问题的日益严峻，各国政府纷纷采取行动，出台了一系列旨在保护环境、减少碳排放和污染排放的环保法规。这些法规不仅对企业的生产过程、产品标准提出了更高要求，也对传统制造业的绿色转型构成了重大挑战。企业要想在激烈的市场竞争中立于不败之地，就必须积极适应并遵守这些日益严格的环保法规。同时，企业还需要在创新和研发上投入更多资源，开发出更加环保的产品和技术，满足法规的要求，同时赢得消费者的青睐。此外，企业还应加强与政府、非政府组织和公众的沟通与合作，共同推动环保事业的发展，实现可持续发展的目标。

（一）法规体系复杂多变

在当今社会，传统制造业的绿色转型已经成为一个不可逆转的趋势，这一转型过程不仅关乎环境保护，还涉及资源的有效利用、能源的科学管理等多个重要领域。为了实现这些目标，相关的法律法规体系被建立起来，但这个体系是复杂多变的，且持续不断地进行着更新和修订。因此，企业必须时刻保持对政策动态的高度关注，确保自己的生产活动始终符合最新的法规要求。然而，由于法规体系庞大且更新频繁，企业难以全面掌握所有细节，这不仅增加了法规遵循的成本，还可能导致企业面临法律风险，从而影响其可持续发展。

（二）环保标准日益严格

随着全球范围内环保意识呈现显著的提升态势，无论是国家层面还是地方政府层面，对于制造业所设定的环保标准正在变得愈发严格。这些标准绝非只是局限于传统意义上的诸如排放标准以及能耗标准之类，还进一步涵盖了像碳足迹、生态效率等一些新兴的环保领域。而这些高标准的实施，意味着企业必然投入更多的资源和资金，进行环保技术的研发以及相关设施的建设等。如此一来，企业的转型成本也随之相应增加。企业必须适应这些新要求，只有这样，才能确保其生产活动与日益严格的环保法规相符。

（三）法规执行力度不一

尽管国家和地方政府制定了一系列保护环境的法规政策，然而在这些政策实际执行过程中，鉴于地方保护主义所呈现出来的倾向、监管能力方面的欠缺以及执行力度显现出的不均衡等一系列因素，最终致使这些环保法规的执行效果呈现出良莠不齐的状态。比如，在某些地区，地方政府为了保护本地企业的利益，可能会对一些污染企业睁一只眼闭一只眼，使得相关环保法规无法得到有效执行；或者由于监管能力不足，导致一些违规行为不能及时被发现和处理。这些情况的出现，不但极大地削弱了法规本身所具有的权威性和严肃性，而且还为企业营造出了一种不公平的竞争环境。那些积极响应环保政策、投入大量资金进行绿色转型的企业，可能会因为其他企业的违规行为而在市场竞争中处于劣势，这无疑会沉重地打击企业进行绿色转型和追求可持续发展的积极性，让企业在面对环保投入时产生犹豫和退缩的情绪。

二、绿色产品的市场接受度与消费者教育

绿色转型不仅只是单纯地要求企业在其生产过程中实现环保，而且还进一步要求企业积极推出完全符合环保标准的产品，也就是绿色产品。然而，需要注意的是，绿色产品在目前的市场上，其被接受的程度呈现出一种参差不齐的状态。这种情况的出现，与消费者自身的环保意识紧密相连，也与消费者的消费习惯有莫大的关联，还与消费者对绿色产品的认知程度有极为密切的关系。比如，有些消费者环保意识很强，他们就会更倾向于选择绿色产品；而有些消费者可能受消费习惯的影响，对于价格较为敏感，从而对绿色产品的接受度不高。所以，通过各种方式加强对消费者的教育，不断提升绿色产品在市场上的接受度，这对于传统制造业进行绿色转型的整个过程而言，是极为重要的一个环节。

（一）绿色产品的市场现状

1.市场规模持续扩张

随着整个社会环境保护意识的日益提升，消费者对于绿色产品的关注度正在不断地增加。这种情况直接致使市场规模呈现出逐年扩大的态势。越来越多的人开始意识到绿色消费所具有的重要意义，也正是因为如此，有力地推动了整个市场朝着更加健康和可持续的方向发展。而且，这种趋势并非只体现在发达国家当中，在发展中国家，其绿色产品市场同样也在

以较快的速度增长。这充分显示出在全球范围内，人们对于环保以及可持续生活方式存在着一种普遍性的追求。比如，在一些发达国家，人们对于绿色食品的选择越来越多，愿意为其支付更高的价格；而在一些发展中国家，新能源汽车的市场份额在逐渐扩大，这些都体现了人们对绿色产品和可持续发展的追求。

2.产品种类不断拓展

绿色产品已经广泛地覆盖了食品、日用品、家电、汽车等众多领域，产品种类所呈现出的多样化态势，切实满足了消费者与日俱增的个性化需求。具体来说，从有机食品方面，其以天然、健康的优势深受消费者青睐；到节能家电领域，凭借其高效节能的特性备受关注；再从环保日用品来看，以其对环境友好的特性赢得消费者的认可；直至新能源汽车，其清洁、可持续的特点吸引了大量消费者。如此一来，绿色产品的种类变得愈发丰富，进而为消费者提供了更为广阔的选择空间。除此之外，绿色产品的创新并不仅局限在产品自身这个层面，还涵盖了包装、物流、服务等各个环节。比如，在包装环节，采用可降解材料；在物流环节，通过优化运输路线来降低能源消耗；在服务环节，提供绿色消费指导。这些方方面面，全方位地体现了环保理念。

3.市场竞争日趋激烈

随着绿色产品市场以一种极为迅猛的态势不断发展壮大，众多企业如同潮水一般涌入这一充满无限潜力的领域之中。如此一来，市场竞争的态势愈发紧张。在这种情况下，企业为了能够争夺到更大的市场份额，不断地推出各种创新技术以及产品，期望在激烈的市场竞争中崭露头角。而这种竞争带来的影响是多方面的，它不仅极大地促进了技术的进步以及产品的创新，比如，在某些绿色产品领域，新的节能技术和环保材料不断涌现，推动产品性能大幅提升；同时还有力地推动了整个行业的标准不断提升，让绿色产品能够更加符合消费者的期望和需求。例如，消费者对于绿色食品的安全标准要求越来越高，促使相关企业不断改进生产工艺以满足这些需求。

（二）绿色产品的市场接受度

绿色产品的市场接受度受到多种因素的影响，这些因素主要包括以下几个方面。

1.价格因素

绿色产品的生产成本通常比较高，最主要的原因是它们在整个生产流程中运用了更为环保的材料以及技术。要知道，这些材料和技术的价格都是比较高昂的。比如，一些可降解的环保材料，其研发成本高，获取难度大，自然价格就会偏高；还有某些先进的环保生产技术，前期投入巨大，这些都会直接导致绿色产品的生产成本上升。正因为如此，绿色产品的销售价格也就相应地会处于一个较高的水平，这在一定程度上影响了消费者的购买意愿。特别是那些对价格敏感的消费者而言，他们在面对较高价格的绿色产品时，可能就会有所犹豫甚至放弃购买。除此之外，鉴于环保材料和技术所具有的特殊性，绿色产品的价格弹性要比传统产品小很多。这就意味着，即便在面临较大的市场竞争压力的情况下，绿色产品的价格也很难出现下降的趋势，如此一来，进一步对其市场接受度形成了限制。

2.消费者认知

部分消费者对于绿色产品所具有的环保性能持怀疑态度。他们觉得绿色产品仅是商家采用的一种营销手段罢了，其所能产生的环保效果实际上并不显著。比如，有些所谓的绿色产品，可能只是在包装或者宣传上突出了环保的概念，但在实际使用过程中，其对环境的改善作用并不明显。这种在认知方面出现的偏差，导致部分消费者对于购买绿色产品一直持观望的态度，并不愿意轻易地进行尝试。除此之外，就算消费者已经知晓绿色产品所具备的环保优势，他们也极有可能因为缺乏充足的信息来对这些优势的真实性加以验证，从而在购买时犹豫不决。比如，消费者想要购买一款宣称环保的清洁剂，但他们无法从商家提供的信息中确切了解其成分是否真的对环境无害,这就使得他们在是否购买上陷入了两难的境地。

3.消费习惯

长期以来所逐步形成的消费习惯,在很大程度上使得一部分消费者很难接受绿色产品。这些消费者已经习惯使用传统产品,他们对新事物的接受程度通常比较低,特别是当这些新事物会改变他们原本的生活习惯时,这种抵触情绪就会更加强烈。所以,即便绿色产品具备更良好的环保性能,然而想要改变消费者长久以来形成的消费习惯,这绝对不是一件轻而易举的事情。除此之外,绿色产品在使用以及维护方面或许需要消费者投入更多的时间与精力,比如,在回收时需要依照特定的方式进行分类回收,这无疑增加了消费者在使用过程中的成本,这会进一步对他们的购买决策产生影响。

4.宣传与推广

绿色产品的宣传与推广力度存在明显的不足,这就使得消费者对于绿色产品的了解往往只停留在较为浅显的层面。在当下这个信息呈爆炸式增长的时代,各种信息纷繁复杂,如果绿色产品在宣传方面的投入力度不大的话,那么消费者很难留意到这些产品。除此之外,就算消费者偶然间注意到了绿色产品,如果宣传和推广所采用的方式缺乏足够的吸引力,那也很难激发消费者的兴趣。例如,倘若宣传只是简单地罗列产品的特点,而没有通过生动有趣的方式展现出来,消费者可能就不会有深入了解的欲望。而有效的宣传和推广策略,它所起到的作用不仅是能够大幅提高绿色产品的知名度,更是能够借助对消费者进行教育的方式,改变他们对于绿色产品的认知以及在消费方面的行为表现,最终有力地促进绿色产品在市场中的接受程度。

(三)消费者教育策略

为了提高绿色产品在市场上的受欢迎程度,企业应当采取一系列的消费者教育策略,以促进消费者了解并接受绿色产品。这些策略不仅能帮助消费者认识到绿色产品对环境的积极影响，还能增强他们对健康和可持续生活方式的认识。

1.加强产品宣传力度

在当今这个信息爆炸的时代，企业要想在市场中脱颖而出，就必须利用各种传播媒介来提高其产品的知名度。特别是对于绿色产品而言，通过电视广告、网络推广、社交媒体互动等多种渠道，企业可以增强这些环保产品的宣传力度。这种全方位的宣传策略不仅能显著提升消费者对绿色产品的认知水平，还能帮助他们更深入地理解绿色产品的价值和意义。通过不断的宣传，企业可以确保绿色产品的信息能够覆盖更广泛的受众群体，从而在消费者心中树立起积极的品牌形象，进一步促进绿色消费的普及和环保意识的提升。

2.积极举办体验活动

企业可以策划并组织多种多样的体验活动，诚邀消费者亲自体验绿色产品的实际效果。通过这种直接的体验方式，消费者能够更加直观、清晰地感受绿色产品所带来的种种益处，进而极大地增强他们对产品的信任感以及购买的意愿。这些体验活动包括产品试用、互动研讨会，或者是绿色生活方式的展示等，旨在激发消费者的兴趣和好奇心，引导他们更加积极地了解和认识绿色产品，并最终促使他们将绿色产品自然而然地融入自己的日常生活。

3.提供专业的咨询服务

建立一个专业的咨询服务机构或在线平台，旨在为消费者提供关于绿色产品的详尽知识和专业的购买建议。通过这种专业的咨询服务，消费者能够获得更加准确和全面的信息，这将极大地帮助他们做出明智的购买决策。这些服务包括一对一咨询、产品比较分析，以及如何在日常生活中实施绿色消费的建议等，从而让消费者在购买时感到更加自信和满意。此外，这些平台还可以提供绿色产品的最新动态、市场趋势分析以及环保政策解读，确保消费者能够及时了解和掌握绿色消费的最新信息。通过这些综合性的服务，消费者不仅能够做出更明智的购买选择，还能够提升自己的环保意识，为保护环境贡献一份力量。

4.加大政府的引导力度

政府应当制定并执行一系列的政策，激励消费者购买绿色产品。例如，政府可以提供税收减免、财政补贴等激励措施，降低消费者购买绿色产品的成本，提高他们的购买意愿和产品的市场占有率。此外，政府可以通过立法和监管来确保绿色产品的质量和标准，保护消费者权益，推动整个行业的健康发展。这些政策的实施，不仅能促进环保意识的普及，还能激发市场对绿色技术和服务的需求，进而带动相关产业的创新和升级。政府还可以通过公共宣传和教育活动，提高公众对绿色消费的认识，引导消费者做出更加环保的选择。通过这些综合措施，政府能够有效地促进绿色经济的发展，实现可持续发展的长远目标。

第六章 数智化引领下的绿色制造模式

在全球倡导绿色发展以及我国积极推进"双碳"目标的大背景下，传统制造业实现绿色转型已成为必然趋势。数智化技术的兴起，为传统制造业的绿色发展带来了新的机遇与可能，其与绿色制造模式的融合成为推动传统制造业可持续发展的关键力量。本章将探讨数智化引领下的绿色制造模式，包括绿色设计、绿色生产、绿色供应链以及绿色服务等方面的应用与创新。

一、数智化技术与绿色制造模式的融合逻辑

数智化技术以其强大的渗透力和创新性，与绿色制造模式在多个层面实现了深度融合。从技术层面看，数智化技术如大数据、物联网、人工智能等，能够与传统制造业的各个环节紧密结合，为绿色制造提供技术支撑。例如，大数据技术可以对传统制造业生产过程中的各种数据进行收集、分析和处理，帮助企业精准掌握生产状况，优化生产流程，从而降低能耗和排放。物联网技术则可以实现设备之间的互联互通，提高生产的智能化水平，实现能源的高效利用。从产业层面看，数智化技术促进了传统制造业产业链的协同发展，推动了绿色制造模式的普及。通过数智化平台，企业可以实现与供应商、客户之间的信息共享和协同合作，优化供应链管理，减少资源浪费。同时，数智化技术还催生了新的绿色产业形态，如智能制造服务、绿色金融等，为传统制造业的绿色发展提供了更广阔的空间。

二、技术架构对传统制造业的改造路径

数智化技术架构对传统制造业的改造是一个系统性的过程,涉及生产、管理、营销等多个环节。在生产环节,数智化技术可以实现生产设备的智能化升级,提高生产的自动化和柔性化水平。例如,通过引入工业机器人、自动化生产线等设备,企业可以实现生产过程的精准控制,减少人为因素对生产的影响,提高产品质量和生产效率。在管理环节,数智化技术可以帮助企业实现精细化管理。通过建立数字化管理平台,企业可以对生产、销售、财务等各个环节进行实时监控和管理,及时发现问题并采取措施加以解决。同时,数智化技术还可以为企业提供决策支持,帮助企业制定更加科学合理的发展战略。在营销环节,数智化技术可以帮助企业更好地了解市场需求,实现精准营销。通过大数据分析和人工智能算法,企业可以对消费者的行为和偏好进行深入分析,为消费者提供个性化的产品和服务,提高客户满意度和忠诚度。

三、变革的必要性

传统制造业长期以来存在高能耗、高排放、低效率等问题,不仅对环境造成了严重破坏,也制约了自身的可持续发展。在当前资源环境约束日益加剧的情况下,传统制造业必须进行变革,实现绿色发展。数智化技术与绿色制造模式的融合,为传统制造业的变革提供了可行的路径。通过引入数智化技术,传统制造业可以提高生产效率,降低能耗和排放,实现资源的高效利用。同时,绿色制造模式的推广还可以提升企业的品牌形象和市场竞争力,为企业带来更大的经济效益和社会效益。

第一节　绿色设计：数智化工具在产品设计中的应用

绿色设计是绿色制造的首要环节，旨在从源头上减少产品对环境的影响。数智化工具在绿色设计中的应用，极大地提升了设计效率和准确性。

传统设计模式缺乏对环境成本的精准考量，在产品设计过程中，难以全面评估原材料获取、生产制造、使用以及废弃处理等全生命周期的环境影响，导致资源浪费和环境污染问题较为突出。而数智化工具的出现，为解决这些问题提供了有效途径。参数化设计软件能够依据预设的参数和规则，自动生成多种设计方案，并对这些方案进行模拟分析，筛选出低碳化的设计方案。通过调整参数，设计师可以快速优化产品的结构和形状，减少材料的使用量，降低产品的能耗。材料生命周期评估系统可以对产品所使用的材料进行全面评估，从原材料的开采、加工到产品的最终废弃，计算出每个阶段的环境影响，帮助设计师选择更环保的材料。

仿真技术在绿色设计中也发挥着重要作用。通过建立虚拟模型，对产品的生产过程和使用场景进行模拟，可以提前发现潜在的问题，并进行优化。例如，在产品的制造过程中，通过仿真技术可以优化工艺流程，提高资源利用率，减少能源消耗和废弃物的产生。在产品的使用阶段，仿真技术可以模拟产品的运行情况，为用户提供更合理的使用建议，降低产品的使用能耗。

一、绿色设计核心要素的数智化重构

在传统的绿色设计中，3R 原则，即减量化（Reduce）、再利用（Reuse）和回收利用（Recycle），是其核心要素。然而，在数智化背景下，这些原则的实现路径发生了显著演变。

在减量化方面，传统设计主要依靠经验和简单的计算来减少材料使用。

而在数智化时代，通过数字化设计和模拟技术，设计师可以对产品结构进行优化，精确计算所需材料的数量，实现材料的精准使用。例如，通过CAD软件，设计师可以对产品进行三维建模和模拟分析，找出可以减少材料使用的部位，从而降低产品的重量和成本。

再利用原则的实现也因数智化而得到提升。在传统设计中，产品的再利用受设计结构和材料兼容性的限制。而数智化设计可以采用模块化理念，将产品设计成易于拆卸和组装的模块，方便在产品生命周期结束后对各个模块进行再利用。例如，电子设备制造商在产品设计中融入模块化设计，使得组件易于拆卸和更换，提高了产品的可维护性和再利用价值。

在回收利用方面，数智化技术可以实现对产品回收过程的精准管理。通过建立产品追溯系统，利用物联网和大数据技术，企业可以实时跟踪产品的流向和使用情况，为回收利用提供准确的数据支持。同时，数智化技术还可以帮助企业对回收材料进行分类和处理，提高回收利用率。

在材料选择与数据治理的结合上，传统设计主要依据设计师的经验和有限的材料数据进行材料选择。而在数智化背景下，企业可以建立材料数据库，对各种材料的性能、环境影响等数据进行全面管理。设计师可以通过数据中台快速查询和比较不同材料的信息，选择最适合的材料进行产品设计。同时，数据治理还可以确保材料数据的准确性和可靠性，为绿色设计提供有力支持。

与传统设计相比，智能设计具有更高的精准性、灵活性和可持续性。传统设计依赖于人工经验和简单的工具，难以实现对产品全生命周期的环境影响进行全面评估。而智能设计可以利用数智化工具对产品进行模拟分析和优化，提前预测产品的环境影响，并采取相应的措施加以改进。

二、产品全生命周期中的数智化工具应用场景

在产品的全生命周期中，数智化工具发挥着重要作用，涵盖了从概念设计到报废回收的各个环节。

（一）仿真优化工具链

在概念设计阶段，仿真优化工具可以帮助设计师对产品的性能和结构进行模拟分析。通过建立虚拟模型，设计师可以对不同设计方案进行对比和优化，找出最优方案。例如，在汽车设计中，利用仿真优化工具可以对汽车的空气动力学性能、碰撞安全性等进行模拟分析，提高汽车的性能和安全性。在产品制造阶段，仿真优化工具可以对生产过程进行模拟和优化。通过对生产流程、设备运行等进行模拟分析，企业可以找出生产过程中的瓶颈和问题，并采取相应的措施加以解决。例如，利用仿真优化工具可以对生产线的布局进行优化，提高生产效率和质量。

（二）碳足迹追踪工具链

碳足迹追踪工具可以对产品在全生命周期中的碳排放进行实时监测和分析。在原材料采购阶段，通过对原材料的来源和运输过程进行碳足迹追踪，企业可以选择碳排放较低的原材料供应商。在产品生产阶段，碳足迹追踪工具可以对生产过程中的能源消耗和碳排放进行监测，帮助企业采取节能减排措施。在产品使用和回收阶段，碳足迹追踪工具可以对产品的使用能耗和回收过程中的碳排放进行评估，为企业制定碳减排策略提供依据。

（三）模块化设计工具链

模块化设计工具可以帮助企业将产品设计成易于拆卸和组装的模块。在产品设计阶段，模块化设计工具可以提供模块化设计方案和模板，帮助设计师快速完成模块化设计。在产品制造阶段，模块化设计工具可以对模块的生产和组装过程进行管理，提高生产效率和质量。在产品使用和回收阶段，模块化设计工具可以方便用户对产品进行维护和升级，同时也便于对产品进行回收和再利用。数据中台在环境参数建模中也发挥着重要作用。数据中台可以整合产品全生命周期中的各种环境参数数据，如能源消耗、碳排放、废弃物产生等，建立环境参数模型。通过对环境参数模型进行分析和预测，企业可以更好地了解产品的环境影响，为绿色设计和生产提供决策支持。

综上所述，从概念设计到报废回收的数字化闭环，通过数智化工具的应用得以实现。在概念设计阶段，利用仿真优化工具确定产品的最优设计方案；在产品制造阶段，通过碳足迹追踪工具和模块化设计工具实现节能减排和高效生产；在产品使用阶段，利用碳足迹追踪工具对产品的使用能耗进行监测和管理；在产品报废回收阶段，利用模块化设计工具和碳足迹追踪工具实现产品的高效回收和再利用。整个过程形成了一个完整的数字化闭环，实现了产品全生命周期的绿色化管理。

三、基于数据智能的跨领域协同设计机制

在当今全球化的制造业环境中，产品的设计不再局限于单一领域或学科，而是需要多学科、多领域的交叉融合。数智化技术的兴起，为跨领域协同设计提供了前所未有的机遇。基于数据智能的跨领域协同设计机制，正是在这一背景下应运而生，旨在通过高效的数据共享与分析，推动绿色设计在更广泛的范围内实现创新与优化。

（一）数据智能驱动的设计流程优化

在当今的设计行业中，传统的设计流程面临着信息孤岛的问题，这导致不同专业领域之间的数据难以实现有效的流通和共享。这种状况不仅降低了工作效率，还可能影响设计决策的质量。然而，随着数据智能技术的兴起，这一局面正在被逐步改变。通过构建一个统一的数据平台，数据智能技术成功地实现了设计数据的集中存储，这不仅提高了数据管理的效率，还确保了数据的一致性和准确性。此外，这一平台还具备处理大规模数据的能力，能够快速响应设计过程中的数据需求。更重要的是，数据智能技

术利用先进的机器学习算法,能够深入挖掘数据之间的潜在联系和模式,从而为设计师提供更加全面和准确的设计依据。在绿色设计这一特定领域,数据智能技术的应用尤为关键。它能够帮助设计师更精确地把握产品生命周期中的能耗、排放等关键环境因素,从而在设计阶段就采取相应的环保措施。通过这种方式,设计师可以在产品设计的早期阶段就考虑到其对环境的潜在影响,进而采取措施减少产品对环境的负面影响,推动可持续设计的发展。

(二)跨领域协同设计的实现路径

在当今这个数据驱动的时代,跨领域的协同设计机制显得尤为重要。为了实现这一目标,必须构建一套全面而完善的协同体系。这一体系的构建涉及多个关键方面。

首先,建立一个协同设计平台至关重要。这个平台需要具备高度的灵活性和可扩展性,以便能够适应不断变化的设计需求和跨领域的合作。它应该能够支持来自不同领域的设计师、工程师以及供应商,在同一平台上进行实时沟通与协作。通过这样的平台,设计师可以轻松地共享设计数据、模型以及设计思路,从而促进不同领域间知识的交流与融合,激发创新思维。

其次,为了确保协同设计的顺利进行,必须制定一套统一的设计规范。这些规范应该详细涵盖数据格式、通信协议、设计流程等多个方面,以确保不同领域之间的设计数据能够无缝对接。这样可以有效避免因格式不兼容或流程不一致而导致的沟通障碍,从而提高整个设计过程的效率。

最后,引入数据智能工具是实现跨领域协同设计的关键。这些工具,包括先进的机器学习算法、数据分析工具以及仿真模拟软件,能够帮助设计师深入挖掘设计数据中的潜在价值。它们使设计师能够发现设计过程中可能存在的问题,并提出更加优化的解决方案,从而提升设计的创新性和实用性。

（三）绿色设计中的协同应用

在绿色设计的实践中，基于数据智能的跨领域协同设计机制已经取得了显著的成效。以下是一些典型的应用案例，它们展示了如何通过跨学科合作，利用先进的数据智能技术，实现更加环保和高效的设计方案。

1. 汽车制造

在汽车制造业中，设计师需要与材料工程师、结构工程师以及动力系统工程师等多个领域的专家进行紧密的协同设计。通过引入数据智能技术，设计师可以更加准确地预测汽车在不同工况下的能耗情况，从而优化动力系统、车身结构以及材料选择等方面的设计，实现汽车的绿色制造。这种协同设计不仅提高了汽车的能效，还减少了对环境的影响。

2. 家电制造

在家电制造业中，设计师需要与制冷工程师、电气工程师以及外观设计师等多个领域的专家进行协同设计。数据智能技术可以帮助设计师更加全面地了解家电产品的能耗情况，从而在设计阶段就采取相应的节能措施，提高产品的能效水平。这种基于数据的协同设计方法，不仅提升了家电产品的性能，还促进了整个行业的可持续发展。

3. 建筑设计

在建筑设计领域，基于数据智能的跨领域协同设计机制同样具有重要意义。设计师需要与结构工程师、给排水工程师以及暖通工程师等多个领域的专家进行协同设计，以确保建筑在安全性、舒适性以及环保性等方面达到最佳平衡。通过数据智能技术，设计师可以更加准确地预测建筑在不同工况下的能耗情况，从而优化建筑设计方案，提高建筑的能效水平。这种协同设计方法有助于创建更加绿色、节能的建筑环境。

四、典型行业应用：从机械到零售的实践

（一）新能源汽车电池可拆卸设计

在新能源汽车行业，电池可拆卸设计是数智化绿色设计的典型案例。通过采用模块化设计理念，将电池设计成易于拆卸和更换的模块，方便在电池出现故障或性能下降时进行更换。同时，可拆卸设计也有利于电池的回收和再利用，提高了资源利用率。例如，某新能源汽车制造商通过数智化技术对电池进行实时监测和管理，当电池性能下降到一定程度时，系统会自动提醒用户更换电池。更换下来的电池可以进行检测和修复，重新投入使用，或者进行回收利用，提取其中的有用材料。

（二）智能家居产品云端升级方案

智能家居产品的云端升级方案是数智化绿色设计的重要应用。通过云端升级，智能家居产品可以不断更新功能和优化性能，延长产品的使用寿命。同时，云端升级还可以实现节能减排，提高能源利用效率。例如，某智能家居企业通过云端升级，对智能空调的运行模式进行优化，根据室内环境和用户需求自动调节温度和风速，降低了能源消耗。

（三）购物中心人货场重构

在零售行业，购物中心的人货场重构是数智化绿色设计的实践探索。通过引入数智化技术，对购物中心的布局、业态、营销等进行全面升级，提高了顾客的购物体验和商场的运营效率。例如，某购物中心通过建立数字化管理平台，对商场内的人流量、商品销售情况等进行实时监测和分析，根据数据分析结果调整商场的布局和业态，优化商品陈列和促销活动。同时，购物中心还采用了节能设备和智能控制系统，降低了能源消耗和运营

成本。

另外，不同行业的数智化渗透率存在差异。新能源汽车行业由于技术更新换代快，对节能减排的要求高，数智化渗透率较高。智能家居行业处于快速发展阶段，数智化渗透率中等。零售行业由于传统经营模式的影响，数智化渗透率相对较低。但随着数智化技术的不断发展和应用，各行业的数智化渗透率有望进一步提高。

第二节　绿色生产：智能工厂与精益生产的融合

在数智化时代背景下，绿色制造已成为全球制造业转型升级的重要方向。绿色制造不仅关乎企业的社会责任，更是企业长远发展的战略选择。作为绿色制造模式的核心组成部分，智能工厂与精益生产的融合不仅提升了生产效率，还显著降低了资源消耗和环境影响。通过引入先进的信息技术和自动化设备，智能工厂实现了生产过程的实时监控和优化，而精益生产通过持续改进和消除浪费，确保了生产过程的高效和清洁。本节将深入探讨智能工厂与精益生产在绿色生产中的融合路径、实施策略及取得的成效。

一、智能工厂：绿色生产的基石

智能工厂是运用物联网、大数据、云计算等先进技术，实现生产过程自动化、智能化和可视化的新型制造模式。它不仅代表着制造业的未来发展方向，而且在推动绿色生产、实现可持续发展方面发挥着至关重要的作用。

（一）资源优化配置

在现代工业生产中，智能工厂的概念正逐渐成为推动制造业转型升级的重要力量。通过部署先进的传感器和监控设备，智能工厂能够实时监测生产过程中的能耗、物料消耗以及其他关键数据。这些数据的收集为工厂管理层提供了丰富的信息资源，使得他们能够利用先进的算法进行精准分析和预测。

智能工厂的智能化管理方式,通过分析这些关键数据,能够实现资源的优化配置。它不仅能够帮助工厂在生产过程中合理安排资源,减少浪费,而且还能提高资源的利用效率。例如,通过优化生产流程和减少物料的过度使用,智能工厂能够显著降低生产成本。同时,这种高效的资源管理方式还能有效减少资源浪费,降低对环境的影响,从而实现可持续发展的目标。

(二)环境监测与预警

在智能工厂的高效运作中,环境监测系统扮演着至关重要的角色。这些先进的系统不断地对生产过程中产生的废气、废水以及废渣等各类污染物的排放情况进行实时监控,确保整个生产活动不会对周围环境造成任何不良影响。通过运用尖端的传感技术和复杂的数据分析方法,环境监测系统能够及时发现任何排放上的异常情况,并迅速激活预警机制。这样,工厂管理者便能立即采取相应的措施,调整和优化生产流程,确保所有操作严格遵守环境保护的相关法规和标准,从而有效减轻对环境的负担,实现可持续发展的目标。

(三)废弃物回收利用

在当今工业生产的智能化转型过程中,智能工厂扮演着至关重要的角色。通过引入一套全面的废弃物处理系统,这些工厂不仅在废弃物的分类、收集和处理等关键环节上取得了显著的进展,而且成功地将原本可能被丢弃的废弃物转变成了具有价值的资源或副产品。这种创新的做法不仅极大地减轻了对原材料的需求压力,而且显著降低了生产活动对环境所造成的破坏。此外,智能工厂的这种废弃物处理方式还开辟了新的经济收益渠道,为循环经济的推进注入了新的活力,从而在促进可持续发展的同时,也为相关企业带来了额外的经济效益。

(四)生产过程的透明化

在信息化和自动化的浪潮中,智能工厂的概念正日益受到重视。利用大数据和云计算技术,智能工厂能够实现生产过程的透明化管理。这种管理方式的核心在于实时数据的收集和分析,使得管理者能够清晰地掌握生产流程的每一个环节。从原材料的采购到加工过程的监控,再到成品的检验,每一个步骤都可以被详细记录并进行实时追踪。这种透明度不仅有助于及时发现并解决生产中可能出现的问题,还能够通过数据分析来优化生产流程,减少浪费,提高生产效率。此外,透明化管理还能够确保产品质量的稳定性,因为每一个环节的监控和记录都可以作为质量控制的依据。最终,智能工厂通过这种先进的管理方式,不仅提高了生产效率,还确保了产品质量的持续提升。

(五)员工工作环境的改善

随着智能工厂自动化和智能化水平的不断提升,可以看到显著的改变,尤其是在减少员工在危险和恶劣环境下的工作方面,这极大地改善了员工的工作环境。此外,智能工厂还能够提供更多的培训机会,帮助员工掌握新技术,提升个人技能,从而提高整个工厂的创新能力和竞争力。这种进步不仅体现在生产效率的提高上,还体现在员工满意度和工作积极性的提高上,因为员工能够在一个更加安全和舒适的工作环境中,通过不断学习和成长,实现自我价值的提升。

二、精益生产:提升效率的利器

精益生产是一种追求零浪费、持续改进的生产方式。它不仅关注生产过程的效率和成本,还注重环境保护和资源的合理利用。在绿色生产中,精益生产通过优化生产流程、减少库存、提高产品质量等手段,实现了生产效率的提升和资源消耗的降低。这种生产方式不仅有助于企业经济效益的提高，同时也对社会的可持续发展做出了积极贡献。

（一）流程优化

精益生产是一种旨在消除生产过程中所有形式的浪费的管理哲学，它通过流程再造、标准化作业以及持续改进等关键手段，致力于实现生产流程的简化和优化。这种生产方式不仅能显著提高生产效率，还能有效减少生产过程中的能耗和排放。例如，通过减少不必要的搬运和等待时间，可以显著降低能源消耗并减少温室气体排放。此外，经过优化的生产流程还能提高员工的工作满意度，因为他们可以将更多的精力和时间投入创造价值的活动中，而不是被无谓的流程和浪费所困扰。

（二）库存管理

精益生产提倡"零库存"理念，通过精准预测市场需求、优化生产计划等手段，实现库存的精准控制。这不仅可以降低库存成本，还能减少库存积压带来的资源浪费。例如，通过实施及时生产（Just-In-Time）策略，企业能够根据实际需求调整生产，避免了过剩库存的产生，从而减少了资金占用和仓储空间。

（三）质量提升

精益生产的核心理念在于不断提升产品的质量水平，它通过采纳诸如全面质量管理、六西格玛等管理策略和工具，致力于实现产品质量的持续改进。这种做法不仅能显著提高客户的满意度，还能有效减少因产品缺陷而产生的资源浪费，同时对环境保护也起到了积极作用。举例来说，通过不断地对生产过程中的缺陷进行识别和修正，可以大幅降低返工和废品的产出率，进而节约了宝贵的原材料和能源资源。

三、智能工厂与精益生产的融合路径

智能工厂与精益生产的融合是绿色生产模式创新的重要方向。这一融合不仅能提高生产效率和产品质量，还能有效降低资源消耗和环境影响，从而实现可持续发展。以下是两者融合的主要路径。

（一）技术融合

将物联网、大数据、云计算、人工智能等先进技术深度整合并应用于精益生产的过程中，能够实现对生产过程的实时监测、精准控制以及智能化决策。这种技术的融合不仅显著提高了生产效率，而且为精益生产提供了更加精准和丰富的数据支持，使得整个生产过程变得更加透明化。这样一来，生产中出现的问题能够被快速识别并及时解决，大大提升了问题处理的效率。同时，通过这种技术的融合，设备能够实现自我诊断功能，并进行预防性维护，有效减少了设备的停机时间。这不仅进一步提升了生产的连续性，也极大地增强了生产的可靠性。

（二）管理融合

将精益生产的理念和方法融入智能工厂的管理体系中，实现生产过程的标准化、流程化和可视化。这不仅能提升管理水平，还能促进智能工厂与精益生产的深度融合，形成更加灵活和高效的生产系统。通过管理融合，可以实现生产计划的动态调整，快速响应市场变化，同时确保生产过程的稳定性和产品质量的一致性。此外，这种融合还能够优化资源配置，减少浪费，提高资源利用率，进一步增强企业的竞争力。通过引入先进的信息技术和自动化设备，智能工厂能够实时监控生产数据，及时发现并解决问题，从而提高生产效率和产品质量。最终，企业能够通过这种融合，实现从传统生产模式向智能制造模式的转变，为企业的可持续发展奠定坚实的基础。

（三）人才融合

为了培养既精通智能工厂技术又熟悉精益生产管理的复合型人才，必须为这两种领域的融合提供人才支持。这种人才的培养不仅能显著提升团队的综合素质，还能激发创新思维的交流与融合，进而推动生产模式的持续创新和发展。具备复合型知识背景的人才能够更加深入地理解技术与管理之间的结合点，提出富有创新性的解决方案，从而有效地推动企业向更高水平的智能制造领域迈进。

四、实施策略与成效

为了推动智能工厂与精益生产的融合，企业需要制定以下实施策略。

（一）制定融合规划

明确融合的目标、路径和时间表，确保融合工作的有序推进。这包括对现有生产流程的深入分析，识别与智能工厂技术相结合的潜在领域，以及设定可量化的绩效指标，从而确保每一步的进展都能够被准确衡量和评估。制定详细的行动计划，将融合规划分解为可操作的任务，并分配给相关部门和人员。同时，建立定期的沟通和协调机制，确保各部门之间的协同合作，及时解决融合过程中出现的问题。通过制定融合规划，企业可以形成清晰的发展蓝图，指导智能工厂与精益生产的深度融合，实现生产效率和管理水平的双重提升。此外，制定融合规划还需要考虑资源的合理分配和利用。企业应根据实际情况，对资金、技术、人力等资源进行合理规划，确保每一项任务都能够得到充分的支持。同时，建立风险管理和应对机制，对可能出现的风险进行预测和评估，制定相应的应对措施，以降低融合过程中的不确定性和风险。

（二）加强技术研发

为了进一步提升智能工厂的技术水平，需要加大对物联网、大数据以及其他先进技术领域的研发投入。这不仅包括对硬件设施进行升级，还涉及软件系统的优化工作。同时，需要提升与这些技术配套的算法和数据处理能力，以确保所采用的技术既先进又实用，能够满足未来发展的需求。此外，加强技术研发需要注重技术创新的引领。通过与高校、科研机构的合作，引入外部创新资源，共同开展前沿技术研究，不断推动智能工厂技术的突破和升级。同时，鼓励内部研发团队进行技术攻关，设立创新奖励机制，激发员工的创新热情，形成全员参与技术创新的良好氛围。通过这些举措，企业将能够不断提升自身的技术实力和核心竞争力，为智能工厂与精益生产的深度融合提供坚实的技术支撑。

（三）优化管理流程

引入精益生产的管理理念和方法，目的是优化生产流程和管理流程，从而提高生产效率和管理水平。这要求企业必须对现有的工作流程进行细致的梳理，识别并消除其中的浪费现象，强化质量控制，确保每一个环节都符合高标准。同时，企业还需要确保流程的灵活性和适应性，以便能够迅速应对市场的快速变化，保持竞争力。

（四）培养复合型人才

加强员工培训和教育，培养既懂智能工厂技术又懂精益生产管理的复合型人才。这需要企业制定长期的人才培养计划，通过内部培训、外部引进和校企合作等多种方式，打造一支能够适应未来生产需求的专业团队。通过实施以上策略，企业能够取得显著成效：生产效率大幅提升，资源消耗和排放显著降低，产品质量和客户满意度持续提高。这些成效不仅提升了企业的竞争力,还为绿色制造模式的推广提供了有益的借鉴和参考。企业通过这些实践,证明了智能工厂与精益生产相结合的巨大潜力,为行业树立了标杆,同时也为可持续发展贡献了力量。

五、小结

智能工厂与精益生产的融合,正成为绿色制造模式创新的关键方向。通过技术融合、管理融合和人才融合等多元化手段,企业不仅能显著提升生产效率,还能有效降低资源消耗,减少环境污染。这种创新的生产模式,将生产过程中的智能化技术与精益管理理念相结合,旨在打造更加高效、环保的生产环境。未来,随着技术的不断进步和管理的持续优化,智能工厂与精益生产的融合将展现出更加广阔的发展前景,为实现可持续发展提供有力支撑。

第三节 绿色供应链:数智化技术在供应链管理中的优化

绿色供应链是指在供应链管理中融入环保理念,通过优化资源配置、提高资源利用效率、减少环境污染等措施,实现供应链的绿色化、可持续化。绿色供应链强调在供应链的各个环节中,都要注重环境保护和可持续发展,从而实现经济效益与生态效益的双赢。在数智化时代,绿色制造模式已成为制造业转型升级的重要方向。而绿色供应链作为绿色制造的重要组成部分,其优化与升级对于实现可持续发展具有重要意义。本节将深入探讨数智化技术在绿色供应链管理中的优化应用,以期为相关企业提供有益的参考。

一、数智化技术在绿色供应链中的应用

（一）数据采集与分析

数智化技术，借助于物联网、大数据等先进的技术手段，能够实现对供应链各个环节数据的实时采集与深入分析。这些数据涵盖了原材料采购、生产加工过程、物流配送的每一个环节，一直到最终的销售服务，全面覆盖了产品全生命周期的数据。通过对这些海量数据的深入挖掘和分析，企业能够更加精确地掌握供应链的运营状况，识别出可能存在的环保问题，并且能够基于这些分析结果，采取一系列有效的措施进行针对性的改进和优化，从而提升整个供应链的效率和可持续性。

（二）智能优化决策

在当今这个信息爆炸的时代，大数据和人工智能技术已经成为推动各行各业发展的强大动力。特别是在绿色供应链管理领域，数智化技术的应用显得尤为重要。通过运用这些先进的技术，企业能够获得智能优化决策的支持，这不仅有助于提升企业的竞争力，还能够促进可持续发展。具体来说，通过对海量历史数据的深入挖掘和细致分析，企业可以构建出精准的预测模型。这些模型能够帮助企业洞察未来的市场趋势，预见环保法规的变化，从而在供应链管理中做出更加科学、合理的决策。此外，数智化技术还能够促进供应链的协同优化，通过智能算法和数据分析，实现资源的最优配置，减少浪费，提高效率。这样一来，企业不仅能降低成本，还能在环保方面做出更大的贡献，实现经济效益和环境效益的双赢。

（三）绿色设计与制造

数智化技术，即数字化和智能化技术的结合，可以与绿色设计和制造技术紧密地结合起来，共同推动产品的绿色化发展。在产品设计的初期阶

段，通过运用先进的数字化设计工具，企业能够充分考虑产品的环保性能，从而设计出更加节能、环保的产品。这些设计工具不仅能够帮助设计师模拟和预测产品的环境影响，还能够优化材料的使用，减少不必要的资源消耗。此外，数智化技术在生产过程中的应用，使得企业能够实现更加精准的生产控制，有效降低生产过程中的资源浪费和环境污染。通过实时监控和数据分析，企业可以及时调整生产参数，优化生产流程，确保生产活动对环境的影响降到最低。因此，数智化技术在推动绿色设计和制造方面发挥着至关重要的作用，有助于实现可持续发展的目标。

（四）绿色物流配送

数智化技术的应用在物流行业中扮演着越来越重要的角色，它能够有效地优化物流配送的路径选择，从而显著减少在运输过程中所消耗的能源以及排放的污染物。借助于先进的智能调度系统，企业能够实时监控货物的运输状态，进而合理地安排运输计划并优化路线选择。不仅如此，数智化技术的运用还能够帮助企业实现绿色包装和回收流程，通过减少包装材料的浪费，以及对废弃物进行有效回收，从而在很大程度上减轻对环境的污染。

二、数智化技术在绿色供应链中的优化效果

（一）提高资源利用效率

数智化技术的应用，对于企业来说具有革命性的意义，它能够助力企业在供应链的每一个环节实现资源的优化配置。通过这种技术的深入应用，企业能够大幅提升资源的利用效率，确保每一部分资源都能发挥出最大的价值。此外，数智化技术通过对大量数据进行深入分析，可以帮助企业识别出资源利用过程中的瓶颈和潜在问题，从而采取有针对性的措施进行改进和优化。同时，数智化技术还能够促进企业实现资源的循环利用和再生利用，这不仅有助于降低企业的资源消耗，还能显著减少对环境的污染，实现可持续发展的目标。

（二）降低环境污染

数智化技术的应用，对于推动企业实现供应链的绿色化和可持续化发展具有至关重要的作用。通过精心设计和优化生产流程，企业能够显著提高生产效率，同时减少不必要的能源消耗和废弃物的产生。这些措施有助于降低企业对环境的污染和破坏，从而实现更加环保的生产模式。此外，数智化技术还能够帮助企业对废弃物进行有效的分类处理，通过创新的资源化利用手段，将原本可能对环境造成负担的废弃物转化为有用的资源。这样不仅减少了环境污染，也避免了宝贵的资源被浪费，从而在多个层面上促进了企业的可持续发展。

（三）提升供应链整体竞争力

数智化技术可以优化供应链的管理和运营，提升供应链的整体竞争力。通过实时数据采集和分析、智能优化决策等措施，企业可以更加准确地了解市场需求和竞争态势，制定出更加科学合理的供应链策略。同时，数智化技术还可以帮助企业实现供应链的协同优化和资源共享，提高供应链的响应速度和灵活性。此外，数智化技术还能够加强供应链各环节之间的信息沟通与协作，减少信息不对称带来的风险，确保供应链的稳定性和可靠性。借助数智化平台，企业可以实现对供应商、生产商、分销商等合作伙伴的高效管理，促进资源的优化配置和合理利用。这不仅有助于降低运营成本，还能提升供应链的整体效率和服务质量，使企业在激烈的市场竞争中占据有利地位。

三、小结

数智化技术在绿色供应链中的应用和优化对于实现可持续发展具有重要意义。通过数据采集与分析、智能优化决策、绿色设计与制造以及绿色物流配送等措施，企业可以推动供应链的绿色化、可持续化。同时，数智化技术还可以帮助企业提高资源利用效率、降低环境污染、提升供应链整体竞争力。未来，随着数智化技术的不断发展和完善，绿色供应链的优化和升级将呈现更加广阔的前景。

第四节　绿色服务：数智化平台在服务中的创新

随着科技的飞速发展和全球对环境保护意识的显著提升，传统制造业正面临着前所未有的转型压力。数智化技术的兴起，为传统制造业的绿色转型提供了新的契机。在这一转型过程中，绿色服务作为一种创新模式，正在逐渐成为推动传统制造业绿色发展的重要力量。本节将从数智化服务平台建设、智能故障诊断与预测、个性化定制服务以及资源循环利用管理四个方面，详细探讨绿色服务在传统制造业绿色转型中的应用与实践。

一、数智化服务平台建设

数智化服务平台是绿色服务的基础。通过构建集数据采集、分析、处理于一体的数智化平台，企业可以实现对生产全过程的精准监控和管理。这一平台不仅能实时收集生产数据，还能通过大数据分析，为企业提供优化生产流程、降低能耗、提高资源利用率的建议。此外，数智化服务平台还可以作为企业与消费者之间的桥梁，帮助企业快速响应市场需求，提供定制化服务，从而推动绿色服务的普及和深化。

在当今这个信息化飞速发展的时代，数智化服务平台的构建显得尤为重要。它不仅能帮助企业实现智能化升级，还能通过先进的技术手段，如物联网、云计算和人工智能等，进一步提升企业的运营效率和市场竞争力。数智化平台的建设，使得企业能够更加灵活地应对市场变化，及时调整生产策略，以满足消费者多样化和个性化的需求。

同时，数智化服务平台在环境保护方面也发挥着不可忽视的作用。通过精准的数据监控和分析，企业能够更有效地控制生产过程中的废弃物排放，减少对环境的负面影响。这不仅有助于企业履行社会责任，还能提升企业的社会形象，为实现可持续发展贡献力量。

二、智能故障诊断与预测

智能故障诊断与预测技术是绿色服务领域中不可或缺的一环。它通过运用人工智能、大数据分析等前沿技术手段，为企业提供了一种高效、精准的设备管理方式。借助这些先进技术，企业能够对生产线上的关键设备进行实时监控，通过智能分析及时发现设备运行中的异常情况，并发出故障预警。这种实时监测和预警机制极大地提高了企业的响应速度，使得潜在的问题能够在造成严重后果之前得到及时处理，有效避免了因设备故障而引起的生产停滞和资源的无谓浪费。

此外，智能故障诊断与预测技术的应用，不仅提升了生产过程的连续性和稳定性，还显著提高了整体的生产效率。通过对设备状态的精准把握，企业能够合理安排维护和检修工作，避免了不必要的停机时间，从而确保了生产任务的顺利完成。同时，这种技术还能帮助延长设备的使用寿命，因为通过早期发现和处理问题，可以减少设备因过度磨损或损坏而提前报废的情况。

在成本控制方面，智能故障诊断与预测技术同样表现出色。通过减少突发故障的发生，企业能够降低紧急维修的频率和成本，同时减少因设备故障导致的生产延误所带来的经济损失。从长期来看，这种技术的实施有助于企业实现绿色制造的目标，因为它不仅优化了资源的使用效率，还减少了因设备故障而产生的环境影响，符合可持续发展的理念。

三、个性化定制服务

个性化定制服务是绿色服务的又一重要方向。通过利用数智化技术，企业可以根据消费者的具体需求，提供定制化的产品和服务。这种服务模式不仅能满足消费者的个性化需求，还能减少不必要的资源浪费，实现绿色消费。在当今社会，随着人们生活水平的提高和消费观念的转变，越来越多的消费者开始追求个性化和差异化的商品。他们不再满足于千篇一律的标准化产品，而是希望产品能够反映自己的独特品位和个性。因此，个性化定制服务应运而生，它通过精准的数据分析和用户行为研究，深入挖掘消费者的潜在需求，从而提供更加贴合个人喜好的产品和服务。

此外，个性化定制服务还具有显著的环保意义。传统的生产模式以大规模、标准化生产为主，这不仅导致产品同质化严重，还可能造成大量库存积压和资源浪费。而个性化定制服务通过按需生产，有效避免了这一问题。企业可以根据消费者的实际订单安排生产，从而减少生产过程中的能源消耗和原材料浪费，降低对环境的影响。这种模式不仅有助于保护环境，还能提高企业的资源利用效率，实现经济效益和环境效益的双赢。

四、资源循环利用管理

资源循环利用管理是绿色服务的核心之一，它涉及资源高效利用和环境保护这两个目标。通过构建一个闭环的资源利用体系，企业能够将生产过程中产生的废弃物进行有效回收，并将其转化为新的资源重新投入生产环节。这种循环利用的方式不仅能够显著降低对原始资源的依赖，减少资源的消耗，同时也大幅度降低了废弃物对环境的污染。此外，资源循环利用管理还能够提高企业的经济效益。通过减少原材料的购买成本和废弃物处理的费用，企业能够节约开支，提高利润空间。同时，这种管理方式还能够提升企业的市场竞争力，因为越来越多的消费者和合作伙伴开始重视企业的环保责任和可持续发展能力。从宏观的角度来看，资源循环利用管理对社会的可持续发展具有重要的贡献。它不仅有助于保护和改善环境质量，还能够促进资源的合理分配和长期利用。通过这种方式，企业和社会可以共同构建一个更加和谐、健康的发展环境，为未来世代留下一个资源丰富、环境友好的地球。

第五节　传统制造业绿色转型的效益评估与可持续发展路径

在全球化经济与环境双重压力的背景下，传统制造业的绿色转型已迫在眉睫。本节旨在全面评估这一转型过程所带来的多重效益，从环境效益、经济效益到社会效益，逐一剖析其深远影响。本节将探讨如何通过采用可持续的生产方式和资源循环利用，减少工业活动对环境的负面影响，提高企业的市场竞争力和盈利能力。

一、环境效益：减排、节能与资源循环利用的成效

（一）通过数智化技术显著降低碳排放与污染物排放

在"双碳"目标的大背景下，数智化技术成为传统制造业降低碳排放与污染物排放的关键力量。工业互联网与人工智能等前沿技术的融合，为碳排放监测与污染治理带来了革新。

工业互联网通过将物联网、云计算、大数据等技术深度集成，实现了对工业生产全流程的实时监测。企业能够精准掌握各个生产环节的碳排放数据，及时发现高排放节点并进行优化。例如，在钢铁行业，通过部署工业互联网平台，可对高炉炼铁、转炉炼钢等关键工序的碳排放进行实时监控，结合人工智能算法分析，调整生产参数，降低碳排放。

人工智能在污染治理方面发挥着重要作用。它可以对污染物排放数据进行深度分析，预测污染趋势，为企业提供精准的治理方案。以水泥行业为例，利用人工智能技术优化水泥窑的燃烧过程，不仅能减少氮氧化物等污染物的排放，还能提高能源利用效率。

（二）提升资源利用效率，推动循环经济发展

提升资源利用效率、推动循环经济发展是传统制造业绿色转型的重要方向。废弃物资源化技术和全生命周期资源管理成为实现这一目标的关键手段。

首先，废弃物资源化技术为资源的循环利用开辟了新途径。例如，钢渣制砖技术将钢铁生产过程中产生的钢渣转化为建筑用砖，既减少了废弃物的排放，又节约了土地资源和原材料。生物质能源开发则利用农业废弃物、林业废弃物等生产生物质燃料，实现了能源的可持续供应。

其次，全生命周期资源管理强调从原材料采购、生产制造、产品使用到废弃物处理的全过程资源优化。企业通过建立全生命周期资源管理体系，能够精准掌握资源的流向和利用情况，及时发现资源浪费环节并进行改进。

最后，政策导向为循环经济发展提供了有力支持。国家出台了一系列鼓励资源循环利用的政策，推动了循环经济产业园模式的发展。在循环经济产业园内，企业之间实现了资源共享、废弃物交换利用，形成了完整的循环产业链。

综上所述，在产业实践中，越来越多的企业开始重视资源循环利用，通过提升资源利用效率、推动循环经济发展，传统制造业能够实现经济效益与环境效益的双赢。

1. 减排成效

传统制造业一直以来被视为温室气体排放的主要来源之一。绿色转型这种方式，主要是通过引入低碳技术、优化生产工艺等一系列手段，显著降低碳排放的强度。比如，运用清洁能源替代传统的化石燃料，不但减少了温室气体的排放，而且改善了空气质量。除此之外，通过实施严格的排放标准以及相关的监管措施，企业排放出来的二氧化硫、氮氧化物等各类污染物也有了大幅度的下降，从而有效缓解了酸雨、光化学烟雾等环境问题。

2.节能效果

绿色转型着重突出能源的高效利用。对于企业而言，其能够借助那些具备高效节能特性的设备，对生产流程进行科学合理的优化，提升能源管理的水平，达到能源消耗大幅降低的目标。这会带来积极的影响，一方面切实减少了能源方面的成本支出，另一方面也显著提升了企业在市场中的竞争力。与此同时，节能技术的广泛应用，其意义是极为重大的，它能够有效地缓解能源在供需方面存在的矛盾冲突，对能源结构的优化调整起到极大的促进作用。比如，一些高能耗企业在采取了这些措施后，其能源成本大幅下降，企业效益得到显著提升，在市场中的优势也更加明显。节能技术的推广应用，使得能源的分配和利用更加合理，像太阳能、风能等清洁能源在能源结构中的占比逐渐增加，为可持续发展奠定了坚实基础。

3.资源循环利用

资源循环利用是绿色转型当中重要的组成部分。对于企业而言，通过全力构建循环经济体系，能够切实达成废旧物资的回收再利用以及废弃物的资源化处理等一系列重要目标。这样做带来的积极影响是多方面的，既能减少资源浪费和环境污染，又能为企业创造新的经济增长点。比如，一些企业利用废旧金属、塑料等材料进行再生产品的生产，不但降低了原料方面的成本投入，还提高了资源的利用效率。

（三）改善生态环境质量

绿色转型在提升和改善生态环境质量方面扮演着至关重要的角色。随着企业界环保意识的日益增强以及环保技术的不断进步和创新，传统制造业在生产活动中所产生的环境污染问题已经得到了有效的控制。越来越多的企业开始重视生态环境的保护工作，并采取了一系列措施，如植树造林、生态修复等，这些努力显著地改善了生态环境的质量，增强了生态系统的稳定性和生物多样性。这不仅有助于提升企业的社会形象，还能为企业营造一个更加健康、和谐的生产经营环境。

（四）推动绿色技术创新

绿色转型不仅推动了绿色技术的创新和发展，而且在促进可持续发展方面发挥了重要作用。为了实现节能减排和资源循环利用的目标，企业需要不断研发和应用新的环保技术和产品。这些技术和产品的研发和应用不仅有助于提升企业的核心竞争力，还可以为整个行业乃至全社会的绿色转型提供有力支撑。例如，通过研发和应用清洁生产技术、节能减排技术等，企业可以大幅降低生产成本和环境污染，实现经济效益和环境效益的双赢。此外，绿色转型还鼓励企业采用可再生能源，如太阳能、风能等，这些能源的使用有助于减少对化石燃料的依赖，进一步降低温室气体排放，保护地球环境。绿色转型的推进，促进了相关法规和政策的完善，为绿色技术的发展创造了良好的外部环境。

（五）促进产业转型升级

绿色转型已经成为传统制造业转型升级的关键路径。通过积极推行绿色转型策略，企业能够淘汰那些效率低下、污染严重的落后产能，从而优化整体产业结构，并且提升产业的附加值。此外，绿色转型不仅有助于促进产业链上下游的协同发展，还能够形成一个绿色的供应链体系和绿色产业集群。这样的转变不仅能显著提高整个行业的竞争力和可持续发展能力，还能为经济的发展注入新的活力和动力，进而推动经济朝着更加环保和高效的方向前进。

（六）增强社会环保意识

绿色转型不仅对环境有益，还有助于增强社会环保意识。随着绿色转型的深入推进，越来越多的企业开始注重环保和社会责任，积极履行环保义务，推动绿色发展。这种趋势不仅有助于提升企业的社会形象和声誉，还可以激发社会公众的环保意识。通过加强环保宣传和教育，提高公众的环保意识和素质，形成全社会共同关注和支持绿色发展的良好氛围。此外，绿色转型还能够促进新技术和新产业的发展，为经济的可持续发展注入活力。政府和企业应携手合作，制定更加有效的政策和措施，鼓励更多的企业和个人参与绿色转型的行动，共同为建设一个更加绿色、健康、和谐的社会而努力。

（七）应对国际贸易壁垒

绿色转型不仅对环境有益，而且对于传统制造业来说，它还扮演着至关重要的角色，能够帮助这些企业应对日益增长的国际贸易壁垒。随着全球范围内环保意识的显著提升，以及国际贸易规则的持续完善，越来越多的国家和地区开始采取降低绿色贸易壁垒的措施。这些措施通常表现为对进口产品施加更为严格的环保标准和要求。在这种背景下，企业若能积极实施绿色转型，通过采用更加环保的生产技术和材料，提高产品的环保标准和整体质量水平，就能够显著增强其产品的国际竞争力。这样一来，企业便能更好地适应和应对国际贸易壁垒所带来的挑战，确保在全球市场中保持其竞争力和市场份额。

综上所述，传统制造业的绿色转型在环境效益方面取得了显著成效。减排、节能与资源循环利用的成效不仅为企业自身带来了经济效益和社会效益，还为推动经济社会可持续发展做出了积极贡献。未来，随着绿色技术的不断创新和应用，传统制造业的绿色转型将取得更加显著的成效，为实现人与自然和谐共生的美好愿景贡献力量。

二、经济效益：成本降低、效率提升与市场份额增长

（一）减少能耗与浪费，降低生产成本

在当今时代，传统制造业正面临着绿色转型的迫切需求，这不仅是为了响应全球环境保护的号召，也是为了追求更高的经济效益。在这一转型

过程中，减少能源消耗与浪费、降低生产成本成为企业实现可持续发展的关键目标。绿色转型的实施促使传统制造业开始采用更加先进的生产工艺和技术设备，这些创新举措不仅显著提高了生产效率，还在很大程度上降低了能耗和原材料的消耗。例如，通过引入智能化生产线和自动化控制系统，企业能够实现对生产过程的精准控制，从而有效减少废品率和能源消耗。此外，循环利用和废物回收技术的应用，使得那些原本可能被丢弃的废弃物得以重新进入生产流程，作为资源被再次利用，这进一步降低了原材料成本。这些成本节约措施不仅有助于提升企业的盈利能力，还能使其在激烈的市场竞争中赢得更多的竞争优势。

（二）提升生产效率与产品质量，增强市场竞争力

在传统制造业绿色转型过程中，提升生产效率与产品质量是增强市场竞争力的关键。智能制造装备的应用，如工业机器人，对提升良品率和生产效率起到了重要作用。工业机器人具有高精度、高速度和高稳定性的特点，能够在生产过程中实现精准操作，有效减少人为误差。对比传统产线和智能化产线的运营数据可以发现，智能化产线在生产效率、产品质量和成本控制方面具有明显优势。传统产线由于依赖人工操作，生产效率低下，产品质量不稳定，且容易出现人为失误。而智能化产线通过自动化设备和智能控制系统的应用，实现了生产过程的标准化和智能化，大大提高了生产效率和产品质量。

随着消费者环保意识的提高和 ESG 投资趋势的加强，绿色产品逐渐获得市场青睐。绿色产品具有环保、节能、可持续等特点，能够满足消费者的需求。企业生产绿色产品不仅可以获得产品溢价，还能吸引更多的 ESG 投资者。从市场份额增长逻辑来看，企业通过提升生产效率和产品质量，生产绿色产品，能够满足市场需求，提高品牌知名度和美誉度，从而增强市场竞争力，增加市场份额。在当前激烈的市场竞争环境下，传统制造业企业只有加快绿色转型，提升自身的核心竞争力，才能在市场中占据一席之地。

1. 成本降低

绿色转型对于企业降低运营成本而言具有极大的助力作用。一方面，当企业选择采用那些高效节能的设备以及先进的技术时，便能够显著降低能源的消耗，在废物处理方面的费用支出也会大幅减少。比如，一家原本使用传统设备的企业，在改用了高效节能设备后，每月的用电量大幅下降，废物排放量也明显减少，这样一来，企业在能源和废物处理这两项上的开支就会显著减少。另一方面，企业通过对生产流程进行合理的优化，并且对管理模式加以改进，提高了生产效率，提升了资源利用率，达到了降低生产成本的目的。例如，通过优化生产流程，减少了生产过程中的不必要环节，提高了生产速度，同时资源利用率的提高也使得企业在原材料等方面的投入减少，最终生产成本得以降低。此外，政府对那些致力于绿色制造的企业所实施的税收优惠政策，更进一步减轻了企业的经济负担。

2. 效率提升

绿色转型推动了企业生产方式的变革。通过引入智能化、自动化等一系列先进技术，企业能够对生产过程实施精准控制。比如，在一些制造业企业中，智能化生产设备能够精准执行各项生产任务，自动化控制系统可以实时监测和调整生产参数，这不仅提高了生产效率，还能保障质量的稳定性。同时，可以显著缩短产品上市的周期，让企业的产品能够更快地进入市场，从而极大地增强了企业在市场中的竞争力。另外，绿色转型促进了企业组织结构以及业务流程的优化重组。企业通过调整部门设置、优化工作流程等方式，提高了企业内部的协同效率，进而实现了整体运营效率的显著提升。

3. 市场份额增长

随着消费者对环保产品的关注度日益提升，以及政府绿色采购政策逐步深入实施，绿色转型企业迎来了前所未有的市场机遇。在当下的市场环境中，消费者越来越倾向于选择那些具有环保属性的产品，他们对环保的重视程度不断提高，这使得绿色转型企业的优势越发凸显。这些企业依靠自身优质的产品和贴心的服务，再加上良好的品牌形象以及高度的社会责任感，赢得了消费者的信赖与支持。与此同时，绿色转型企业还积极地与供应链上下游企业开展紧密合作，通过资源共享、技术交流等方式，不断增强自身的竞争力。例如，与原材料供应商合作，共同研发更环保、更可持续的材料；与物流企业合作，优化运输方案，降低运输过程中的碳排放。通过这一系列的举措，绿色转型企业得以不断拓展市场份额，进而实现了业务的快速增长，迎来了蓬勃发展的良好局面。

（三）产品附加值提升与市场竞争力增强

绿色转型不仅推动了传统制造业向更高端、更高附加值的方向发展，而且在这一过程中，企业开始注重产品的环保性能和健康标准。随着消费者环保意识的提升和对健康产品需求的不断增长，越来越多的企业开始致力于开发和推出符合绿色、低碳、环保标准的产品，以满足市场的需求。这些符合环保标准的产品不仅在功能和质量上有所提升，而且由于其环保属性，它们往往能够获得更高的附加值。在市场上，这类产品更容易获得消费者的青睐，从而建立更好的口碑和品牌形象。通过获得绿色认证和环保标签，企业的产品在国际市场上能够获得更多的认可，这增强了企业的市场竞争力，为企业打开了更广阔的市场空间。

（四）政策优惠与资金扶持

为了促进传统制造业向绿色、可持续的方向发展，世界各国的政府机构纷纷采取了积极的措施，推出了多种优惠政策和资金扶持方案。这些措施涵盖了税收减免、财政补贴、贷款贴息等多个方面，其目的是减轻企业在转型过程中所承担的经济压力，从而提高企业进行绿色转型的意愿和动力。政府还致力于构建和完善绿色金融体系，通过这一机制为传统制造业的转型提供多样化的融资途径，确保企业能够获得充足的资金来支持其在技术创新和产业升级方面的工作。这些综合性的政策优惠和资金扶持措施，为传统制造业的绿色转型提供了保障，有助于推动整个行业朝着更加环保和高效的方向发展。

（五）产业链协同与区域经济发展

传统制造业的绿色转型不仅涉及单个企业的变革，更需要整个产业链的协同配合。通过构建绿色供应链体系，上下游企业能够实现资源共享、优势互补，共同推动产业链的绿色发展。这种协同效应不仅提高了整个产业链的竞争力，还带动了区域经济的可持续发展。例如，一些地区通过打造绿色产业园区，吸引了大量绿色制造企业和相关服务机构的入驻，形成了集聚效应和规模效应，为区域经济的增长注入了新的活力。

同时，产业链协同促进了技术创新和知识共享。在绿色转型的过程中，企业需要引进新技术、新设备，这些都需要大量的研发投入和技术积累。而通过产业链协同，上下游企业可以共同开展技术研发，共享创新成果，从而降低研发成本，提高技术创新的效率。此外，产业链协同有助于形成标准化的生产流程和质量控制体系，提高产品的质量和稳定性，进一步增强整个产业链的竞争力。这种竞争力的提升，不仅为企业带来了更多的市场份额和利润空间，也为区域经济的可持续发展奠定了坚实的基础。

（六）长期经济效益与可持续发展

从长期来看，传统制造业的绿色转型将为企业带来持续的经济效益。随着技术的不断进步和市场的日益成熟，绿色产品和服务的需求将持续增长。这将促使企业不断加大研发投入，推动技术创新和产品升级，以保持其市场领先地位。同时，绿色转型还有助于企业树立良好的社会形象和品牌形象，吸引更多消费者的关注。这些长期效益将为企业创造更多的价值，推动其实现可持续发展。此外，绿色转型还能为企业带来成本节约的优势。通过优化生产流程和采用节能环保的生产方式，企业能够降低能源消耗和废弃物排放，从而减少环境治理和废物处理的费用。这种成本节约不仅有助于提升企业的盈利能力,也为其在激烈的市场竞争中保持优势提供了有力支持。同时,随着社会环保意识的不断提高,绿色产品和服务将成为市场的主流趋势。企业若能紧跟这一趋势,积极转型,将能够在未来市场中占据更大的份额,实现更加长远和稳定的发展。

综上所述,传统制造业的绿色转型在经济效益方面具有显著的优势。通过成本节约、资源高效利用、产品附加值提升、政策优惠与资金扶持、产业链协同以及长期经济效益的积累,企业能够在转型过程中获得实实在在的经济回报。这些经济效益的显现,不仅增强了企业转型的信心和动力,也为整个行业的绿色发展指明了方向。未来,随着技术的不断进步和市场的日益成熟,传统制造业的绿色转型将迎来更加广阔的发展前景。

三、社会效益:就业稳定、技能提升与社区参与

(一)数智化转型创造新就业机会,推动技能升级

传统制造业的数智化转型在带来生产变革的同时,也创造了大量新兴职业机会,推动了就业结构的优化和技能升级。

AI训练师、数据分析师等新兴职业需求日益增长。在数智化转型过程中,企业需要大量AI训练师来对人工智能模型进行训练和优化,以提高生产过程中的智能化水平。数据分析师则负责对海量的生产数据进行分析,为企业决策提供支持。这些新兴职业不仅薪资待遇优厚,而且发展前景广阔。

产教融合培训体系为技能升级提供了有力保障。学校与企业合作,根据企业的实际需求开设相关专业课程,培养符合企业需求的高素质人才。例如,一些职业院校与制造业企业合作,开设了智能制造、工业互联网等专业课程,学生在学习过程中不仅掌握了理论知识,还能在企业进行实践操作,毕业后能够直接进入企业工作。

从人力资本结构变迁来看,数智化转型使得企业对员工的技能要求发生了变化。传统的体力劳动者需求逐渐减少,而具备数字化、智能化技能的人才需求日益增加。这促使员工不断学习,以适应企业发展的需求。

（二）绿色制造模式提升企业社会责任形象

绿色制造模式的推行，对企业社会责任形象的提升起到了积极作用，主要体现在绿色工厂认证体系和社区环境共治等方面。

绿色工厂认证体系如 ISO14001，是衡量企业环境管理水平的重要标准。获得该认证的企业，表明其在生产过程中遵循了严格的环境标准，有效控制了污染物排放，实现了资源的高效利用。这不仅体现了企业对环境保护的重视，也向社会展示了企业的责任感。与传统制造企业相比，获得绿色工厂认证的企业在舆情数据和社会评价方面更具优势，更容易获得消费者的认可和信任。

社区环境共治是绿色制造企业履行社会责任的重要体现。企业积极与社区合作，共同开展环境治理和保护工作，改善社区的环境质量。例如，企业可以参与社区的垃圾分类宣传、植树造林等活动，增强社区居民的环保意识。通过这些活动，企业能够与社区建立良好的互动关系，提升企业在社区中的形象和声誉。

从品牌价值与政府政策支持的联动效应来看，绿色制造企业由于其良好的社会责任形象，能够提升品牌价值。消费者更愿意购买具有环保、社会责任意识的企业产品，从而为企业带来更多的市场份额。同时，政府也会对绿色制造企业给予更多的政策支持，如财政补贴、税收优惠等，进一步促进企业的发展。这种品牌价值与政府政策支持的良性互动，使得绿色制造企业在市场竞争中更具优势。

1.就业影响的积极变化

绿色转型对就业市场产生了积极影响。一方面，随着企业不断进行技术与产业升级，一系列新兴产业得以蓬勃兴起，而这些新兴产业的出现为广大劳动者提供了数量众多的就业机会。比如，在新能源领域，随着太阳能、风能等清洁能源的发展，相关的生产、安装、维护等岗位需求大幅增加；在环保产业，包括环境监测、污染治理等方面都需要大量专业人才的加入。另一方面，绿色转型企业非常注重员工的培训和技能提升，通过为员工提供各种专业培训、学习机会等，为员工创造了更加良好的职业发展前景。比如，企业会定期组织员工参加技术研讨会、行业交流会等，帮助员工不断提升自己的专业素养和技能水平。这不仅有助于缓解当前的就业压力，还促进了劳动力市场的稳定与繁荣，使得劳动力市场能够保持一种健康、有序且充满活力的状态。

（1）新增绿色岗位

随着绿色制造、清洁能源以及环保技术的快速发展，大量新兴的岗位应运而生。这些岗位不仅涵盖了技术研发、设备制造与维护、环境监测与管理等传统领域，还包括绿色供应链管理、市场营销等多元化和跨领域的岗位，为求职者提供了更加广阔和多元化的就业空间。此外，随着全球环保意识的增强，这些岗位的需求量也在持续增长，为有志于在环保领域发展的专业人士提供了丰富的职业选择。无论是对环境科学、能源工程、材料科学等专业背景的人才，还是对那些希望在企业社会责任和可持续商业实践中发挥作用的管理人才，这些新兴岗位都提供了展示自己才华和实现个人价值的舞台。

（2）技能提升与再培训

为了满足绿色转型这一时代需求，企业通常会采取一系列措施来提升员工的技能水平，包括对员工进行再培训。通过这样的培训，员工能够掌握新的技术、新的知识，从而更好地适应绿色转型带来的变化。这种做法不仅有助于增强员工的就业竞争力，确保他们在职场上的持续发展，还能有效减少因产业转型而可能引发的失业问题。通过减少失业人数，企业能够为社会的稳定和谐做出积极贡献。

（3）创业机会

绿色转型不仅引领了新的经济发展方向，而且在这一过程中还催生了众多的创业机会，尤其是在环保科技、清洁能源、循环经济等前沿领域。这些新兴产业的崛起，不仅为社会创造了更多的就业机会，促进了人才的流动，还推动了经济的多元化发展，减少了对传统高污染、高耗能产业的依赖，为可持续发展奠定了坚实基础。

2.技能提升

绿色转型推动了企业员工技能水平的显著提升。在绿色转型的大趋势下，为了能够适应新的生产方式以及更为严苛的工艺要求，企业必须强化员工培训以及技能开发方面的工作。通过这样的方式，不但能极大地提高员工自身的综合素质以及业务能力，还能为企业培养一批拥有专业技能以及创新能力的人才。例如，在一些绿色能源企业中，经过针对性培训后的员工，能够更好地操作新型设备，推动企业发展，而这些人才将会成为企业未来发展进程中的重要力量，为企业在市场竞争中取得优势提供强大的支撑。

3.促进社区发展与居民福祉

传统制造业的绿色转型不仅对社区发展产生了深远的影响，而且在多个层面推动了社会的进步。这一转型过程不仅提升了居民的生活质量，还显著改善了社区环境，并且为地方经济的发展注入了新的活力。

（1）环境质量改善

随着传统制造业的绿色转型，企业开始积极采用先进的清洁生产技术，这一转变直接导致了污染物排放量的显著减少。空气质量得到了明显提升，水体污染得到了有效控制，土壤环境也得到了显著改善。这些环境质量的改善，不仅使居民能够享受更加健康的生活环境，还减少了因环境污染导致的健康问题，从而降低了医疗费用，提高了居民的生活品质。此外，绿色转型还促进了可持续发展，为未来世代创造了更加宜居的地球。企业通过采用清洁生产技术，不仅履行了社会责任，还提升了自身的品牌形象和市场竞争力，实现了经济效益与环境效益的双赢。

（2）地方经济多元化

绿色转型的推进，促使了传统制造业向那些具有更高附加值、更强竞争力的领域迈进，这一过程不仅极大地优化和升级了地方经济的结构，而且有效地促进了新兴产业的蓬勃发展。这些新兴的产业为社区注入了新的活力，带来了丰富的商业机会和就业机会，为当地居民提供了更多样化、更高质量的就业选择。随着这些新兴产业的不断壮大和成熟，地方经济得到了显著的提升，为社区的长期稳定和可持续发展奠定了坚实的基础。

（3）社区参与与共建共享

在绿色转型的进程中，企业与社区之间的紧密合作显得尤为关键。为了实现可持续发展的目标，企业必须与社区居民携手合作，共同推进环保项目的实施，并积极参与社区环境的改善工作。这种基于共同利益的合作模式，不仅能够显著增强社区的凝聚力，还能够提升居民的归属感，使他们感到自己是社区发展的一部分。同时，居民通过参与环保活动，能够直接体验到环境质量的提升，感受到生活品质的改善，这进一步激发了他们对环保事业的参与热情和满意度。居民的积极参与，不仅有助于推动社区环境的改善，还为社区的可持续发展注入了活力，确保了环保事业的长远发展和居民生活质量的持续提升。

4.环保意识提升与公众参与

传统制造业绿色转型的成功实践，对全社会环保意识的提升起到了积极的推动作用。

（1）公众教育与宣传

企业在绿色转型过程中，会积极开展环保教育和宣传活动，提高公众对环保问题的认识。这不仅有助于培养公众的环保意识，还能促进社会各界共同参与环保事业，形成全社会共同推进绿色发展的良好氛围。活动包括组织环保讲座、制作和分发环保宣传材料、举办环保主题展览等。通过这些活动，企业不仅向公众传递了环保的重要性，还展示了自身在绿色转型方面所做的努力和取得的成果。此外，企业通过与学校、社区组织等合作，将环保教育纳入日常课程和活动，从娃娃抓起，培养新一代的环保意识和责任感。这种全方位、多层次的公众教育与宣传活动，为全社会的绿色发展奠定了坚实的基础。

（2）消费者偏好变化

随着环保意识的日益增强，越来越多的消费者在挑选产品和服务时，开始将环保性能作为重要的考量因素。消费者越来越倾向于选择那些对环境影响较小、能够体现可持续发展理念的商品。因此,传统制造业为了适应这一市场趋势,纷纷开始进行绿色转型,通过改进生产工艺、使用环保材料、减少能源消耗和废物排放等措施,生产出更加环保的产品。这些产品不仅能够更好地满足消费者日益增长的环保需求,而且能够获得市场的认可和支持,从而在激烈的市场竞争中脱颖而出。

5.健康效应与生活质量提升

传统制造业绿色转型对居民健康水平和生活质量的提升具有显著影响。

(1)减少污染性疾病

通过积极采取措施减少有害物质的排放,并努力改善环境质量,绿色转型在多个层面上对社会产生了积极的影响。它有助于显著降低因环境污染所引发的一系列健康问题,如呼吸系统疾病和心血管疾病等。这些疾病不仅对个人的健康构成威胁,还会给医疗系统带来沉重的负担。随着绿色转型的推进,可以看到医疗资源的使用效率得到提升,同时居民的生活质量也得到了实质性的改善。此外,改善环境质量还能够提高人们整体的健康水平,从而间接地提高了居民的预期寿命。因此,绿色转型不仅对环境有益,对社会和经济也具有积极影响。

(2)促进身心健康

良好的环境对身心健康来说是至关重要的保障。随着绿色转型的不断推进,环境质量得到了显著的改善,这不仅能显著提升居民的幸福感和满意度,还能有效减少因环境问题而引发的心理压力和焦虑情绪。与此同时,企业所积极倡导的环保理念和健康的生活方式,对培养居民的环保意识和促进健康的生活习惯也起到了积极的推动作用。通过这样的努力,我们能够看到一个更加和谐、绿色、健康的社会正在逐步形成。

(3)提升城市形象与竞争力

在当今社会,传统制造业的绿色转型已经成为一个不可忽视的趋势。这种转型不仅是为了改善城市环境质量,它还能显著提升城市的整体形象和竞争力。一个积极拥抱绿色产业并拥有良好生态环境的城市,能够成为人才、资本和技术的磁石,吸引这些宝贵的资源流入。这样的城市能够为居民提供更加健康、宜居的生活环境，同时推动城市的可持续发展，确保经济、社会和环境三方面的和谐进步。

综上所述，传统制造业绿色转型在带来经济效益的同时，也产生了显著的社会效益。通过促进就业市场的积极变化、推动社区发展与居民福祉、提升环保意识与公众参与以及改善居民健康和生活质量等，绿色转型为社会的可持续发展注入了新的活力。未来，随着绿色技术的不断进步和政策的持续支持，传统制造业绿色转型的社会效益将进一步显现，为构建人与自然和谐共生的美好社会贡献力量。

四、可持续发展路径探索

（一）加强数智化技术应用

数智化技术，作为推动绿色转型的重要驱动力，发挥着不可或缺的作用。通过应用物联网、大数据、人工智能等先进的技术手段，企业能够实现生产过程的智能化、自动化以及精细化管理。这样的转变不仅有助于提高资源的利用效率，还能显著降低能耗和减少排放。此外，数智化技术还能够为绿色转型提供坚实的数据支持，帮助企业更精准地把握市场需求，优化产品设计，提升产品的整体质量。这些技术的应用，使企业在追求经济效益的同时，也能够兼顾环境保护，实现可持续发展的目标。

（二）推动产业链协同创新

为了实现绿色转型，整个产业链的各个参与方必须携手合作，共同努力。企业不仅需要在内部采取措施，还应该加强与产业链上下游企业的沟通与协作，共同致力于绿色技术的研发工作。通过这样的合作，可以推动绿色产品的开发和推广，从而构建一个更加环保的供应链体系。此外，产业链的协同创新能够促进资源的共享和优势互补，这不仅有助于降低绿色转型过程中的成本，还能提高整个产业链的竞争力，实现可持续发展的目标。具体而言,产业链上的各方可以共同设立研发基金,投资于绿色技术的研发项目,共享研发成果。同时,还可以建立信息共享平台,及时交流和分享有关绿色转型的最新技术、市场动态和政策信息,以便各方能够迅速响应市场变化,调整策略。此外,产业链协同创新还可以促进标准统一和认证互认,降低绿色产品进入市场的门槛,加快绿色产品的普及速度。这样的合作模式,不仅能推动绿色转型的深入发展,还能提升整个产业链的国际竞争力,为可持续发展注入新的活力。

(三)强化政策引导和支持

政府在推动绿色转型的进程中扮演着至关重要的角色。为了促进这一转型,政府需要制定一系列政策法规,确保有充分的法律基础来支撑绿色转型的各项工作。这些政策法规不仅要为绿色转型提供必要的法律保障,还要提供政策上的支持和激励,以促进社会各界的积极参与。同时,政府应当增加财政投入,通过提供税收优惠等措施,激励企业增加在绿色技术研发和创新上的投入,引进和应用先进的环保技术,实施绿色改造项目,从而提高整个社会的绿色发展水平。除此之外,政府还必须加强监管和执法力度,确保所有企业严格遵守环保法规,防止环境污染和资源浪费现象的发生。通过这些措施,政府能够有效地推动绿色转型,确保这一进程取得实质性的进展和成效。

(四)提升公众环保意识和参与度

在绿色转型的进程中,公众是不可或缺的关键参与者,他们不仅是变革的积极推动者,更是这一过程中的主要受益者。企业有义务主动承担起环保宣传和教育的职责,通过多样化的渠道和创新的方法,努力提高公众对环境保护必要性的认识,以及对绿色产品和服务的了解和认知。同时,企业还应采取积极的措施,鼓励和引导公众参与绿色消费、绿色出行以及其他环保活动,共同构建一个全社会共同参与、共同促进绿色转型的良好环境，为实现可持续发展的目标贡献自己的力量。政府在这一过程中也扮演着重要角色，应加大对环保教育的投入，通过学校、社区、媒体等多种平台，普及环保知识，提升公众的环保意识。此外，政府还可以举办各类环保主题活动，如绿色出行日、垃圾分类宣传周等，鼓励公众参与，形成良好的环保氛围。公众环保意识的提升不仅能促使个人在日常生活中采取更加环保的行为，还能形成对企业和政府环保工作的监督力量，推动整个社会向更加绿色、可持续的方向发展。

（五）小结

传统制造业的绿色转型是实现可持续发展的必由之路。通过加强数智化技术应用、推动产业链协同创新、强化政策引导和支持以及提升公众环保意识和参与度等措施，可以有效推动绿色转型取得实效。未来，随着数智化技术的不断发展和应用场景的不断拓展，传统制造业的绿色转型将迎来更加广阔的发展前景。

第七章　数智化引领传统制造业的未来趋势与展望

第一节　数智化技术的最新发展趋势

在快速演进的科技浪潮中，数智化技术正以前所未有的速度重塑传统制造业的面貌。随着工业4.0时代的到来，数智化技术成为推动制造业转型的核心驱动力。它不仅优化了生产流程，显著提高了生产效率，还为企业带来了前所未有的创新机遇。本节将探讨数智化技术的最新发展趋势，特别是5G、区块链等新兴技术与制造业的深度融合，以及人工智能向更高层次的自主决策发展。笔者将分析这些技术如何在实际应用中提升产品质量，降低生产成本，并且增强供应链的透明度和灵活性。同时，笔者还将探讨数智化技术如何帮助企业在激烈的市场竞争中保持领先地位，以及如何应对在技术升级过程中可能遇到的挑战和风险。

一、5G、区块链等新兴技术与制造业的深度融合

在当今快速演变的科技时代，数智化技术正以前所未有的速度重塑各行各业，特别是对传统制造业的影响尤为深远。数智化与绿色转型的深度融合，不仅为传统制造业带来了生产效率的显著提升，更为其绿色转型开辟了全新路径，为传统制造业带来前所未有的发展机遇和挑战。通过数智化技术的广泛应用，企业可以更加高效地实现绿色转型目标，推动产业向更高质量、更可持续的方向发展。

（一）5G 技术：开启智能制造新纪元

随着 5G 技术的商用部署，制造业领域正在经历一场前所未有的革命。5G 技术以其超高速率、大容量和低延迟的特性，彻底改变了数据传输和处理的方式，为实时数据的即时分析和应用提供了坚实的技术基础。这种技术进步极大地推动了智能制造的发展，使得生产过程更加高效、灵活和精准。在智能工厂的环境中，5G 技术支持着成千上万的设备实现高速互联，这不仅使生产线的全面数字化成为现实，还使智能化监控成为可能，从而实现了生产过程的透明化和可追溯性。此外，5G 技术的应用还促进了远程操作和无人作业的广泛应用。通过 5G 网络，操作人员可以远程控制设备，进行精确的操作和维护，这不仅降低了对人力的依赖，减少了人力成本，还显著提高了作业的安全性。特别是在危险或人类难以到达的环境中，5G 技术的应用为作业人员提供了安全保障，避免了潜在的危险。随着 5G 技术的进一步成熟和普及，智能制造领域将迎来更加广阔的发展空间。5G 技术将与人工智能、大数据分析、云计算等其他先进技术深度结合，共同推动制造业向更高水平的自动化和智能化迈进。这不仅将极大地提高生产效率和产品质量，还将为制造业带来新的商业模式和服务模式，为整个行业带来深远的影响。

（二）区块链技术：构建制造业信任基石

区块链技术，作为一种革命性的去中心化、不可篡改的数据存储解决方案，正逐渐深入制造业的各个层面。在供应链管理领域，区块链的应用尤为显著，它通过确保产品信息的透明度和可追溯性，极大地提升了整个供应链的效率和安全性。这种技术的介入，使得每一个产品从原材料采购到最终交付给消费者的整个过程都变得清晰可见，从而有效打击了假冒伪劣产品的流通，显著提升了消费者对品牌的信任度。除了在供应链管理中的应用，区块链技术还能够实现智能合约的自动执行，这在交易条款的履行上带来了前所未有的便利。智能合约的引入，意味着一旦预设的条件得到满足，相关的交易条款就会自动执行，无需人工干预。这不仅降低了交易成本，还大大减少了因人为因素导致的错误和风险，为制造业企业带来了更高的运营效率。在知识产权保护方面，区块链技术同样发挥着重要作用。通过区块链，可以创建一个安全的数字账本，记录每一个创意和发明的诞生过程，确保知识产权的归属和使用情况得到准确记录和验证。这为创新者和创作者提供了强有力的保护，激励了更多创新和创意的产生。质量追溯是制造业中另一个受益于区块链技术的领域。借助区块链技术，可以对产品的生产过程进行详细记录，一旦产品出现问题，可以迅速追溯到问题的源头，从而采取相应的措施。这种快速准确的追溯能力，不仅有助于提高产品质量，还能够帮助企业及时响应市场反馈，增强市场竞争力。

二、人工智能向更高层次的自主决策发展

（一）从辅助决策到自主决策

随着人工智能技术的不断进步，其在制造业中的应用已经从简单的数据分析、预测维护等辅助决策层面，向更高层次的自主决策发展。在智能工厂中，AI系统可以通过深度学习算法，不断优化生产参数，实现自适应生产。这些系统能够实时监控生产线上的各种数据，包括设备状态、生产效率和产品质量等，从而进行精确的调整和优化。此外，AI还能根据市场需求变化，自动调整生产计划，实现柔性生产。这意味着生产线能够快速响应市场变化，满足消费者对个性化和多样化产品的需求。未来，随着AI技术的进一步突破，制造业将实现更高程度的自主化和智能化。机器人和自动化设备将更加普及，它们能够执行复杂的任务，甚至在某些情况下取代人工。同时，AI将使供应链管理更加高效，通过精准预测和实时监控，减少库存成本，提高物流效率。总之，人工智能技术的不断演进将为制造

业带来革命性的变化，推动整个行业向更加智能、高效和可持续的方向发展。

（二）AI 大模型在能耗预测中的应用前景

AI 大模型凭借其强大的数据分析和学习能力，在能耗预测领域展现出巨大的应用潜力。传统的能耗预测方法依赖于简单的统计模型和历史数据，难以准确捕捉复杂多变的能耗影响因素。而 AI 大模型能够处理海量的多源数据，包括生产设备运行数据、环境气象数据、能源价格数据等，通过深度学习算法挖掘数据背后的潜在规律，从而实现更精准的能耗预测。在制造业中，AI 大模型可以实时监测生产设备的运行状态，预测不同生产环节的能耗需求。例如，根据订单量、生产工艺、设备性能等因素，提前预测未来一段时间内的电力、燃气等能源消耗，帮助企业合理安排生产计划，优化能源采购策略，降低能源成本。同时，AI 大模型还可以对能耗异常情况进行实时预警，及时发现设备故障或能源浪费问题，提高能源利用效率。

（三）人工智能与物联网的深度融合

随着物联网技术的飞速发展，它为人工智能领域提供了前所未有的丰富的数据资源。通过将各种物联网设备与先进的 AI 系统进行无缝连接，企业能够实时监控生产过程中的每一个环节，对收集到的数据进行深入分析。这种实时监控和数据分析的能力，为生产过程中的自主决策提供了数据支持和智能建议。此外，AI 系统还能够利用从物联网设备中获取的数据，进行精准的故障预测和趋势分析，从而提前采取措施避免设备故障的发生，确保生产流程的顺畅进行。通过优化生产流程，AI 技术帮助提高整体生产效率，减少资源浪费，提升产品质量。

展望未来，物联网与人工智能技术的进一步融合将开启制造业的新篇章。这种深度融合将使制造业的生产管理变得更加精细化和智能化。借助物联网和 AI 技术，生产过程中的每一个细节都能够得到精确控制和优化，从而实现个性化定制和灵活生产。这不仅能够满足市场对多样化产品的需求，还能够大幅提高企业的竞争力。随着技术的不断进步，我们有理由相信，物联网与 AI 的结合将为制造业带来革命性的变革，推动整个行业向更高效率、更高质量、更可持续的方向发展。

（四）数字孪生与虚拟现实技术融合趋势

数字孪生与虚拟现实技术的融合将为制造业带来全新的体验和变革。数字孪生技术通过创建物理实体的虚拟模型，实现对生产过程的实时监控和优化。而虚拟现实技术可以为用户提供沉浸式的交互体验，让用户身临其境地感受虚拟环境中的生产场景。将数字孪生与虚拟现实技术融合，企业可以在虚拟环境中对生产过程进行模拟和优化，提前发现潜在问题并进行调整。例如，工程师可以通过虚拟现实设备进入虚拟工厂，对设备布局、工艺流程进行可视化设计和验证，减少实际生产中的试错成本。同时，操作人员可以在虚拟环境中进行培训和演练，提高操作技能和应急处理能力。

（五）强化学习在制造业中的应用

强化学习是一种机器学习方法，它依赖于试错法来探索和学习最佳的行动策略。在这一过程中，AI 系统通过与环境的互动，根据获得的反馈不断调整其行为，以期达到最优的决策结果。这种学习方式在制造业领域具有广泛的应用潜力，尤其是在设备维护和生产调度等关键环节。在设备维护方面，强化学习可以帮助制造商预测设备故障，从而提前进行维护，减少生产中断的风险。通过分析历史维护数据和设备运行状态，AI 系统可以识别潜在的故障模式，并制定出预防性维护计划。这不仅提高了设备的运行效率，还延长了设备的使用寿命，降低了维护成本。在生产调度方面，强化学习可以优化生产流程，提高资源利用率。AI 系统能够实时监控生产线的状态，并根据订单需求、原材料供应和设备状况等因素动态调整生产计划。这种智能调度系统能够有效减少生产周期，提高生产灵活性，同时确保产品质量和交货期限。通过模拟生产环境，强化学习算法能够使 AI 系统在虚拟世界中进行大量的试错学习，从而在实际应用中做出更加精准和高效的决策。这种模拟训练不仅加快了学习速度，还降低了实际操作中可能出现的风险和成本。随着强化学习算法的不断改进和应用场景的拓展，制造业将逐步实现更加自主和智能的生产决策。未来，强化学习将在智能制造、供应链管理、质量控制等多个方面发挥重要作用，推动制造业向更高水平的自动化和智能化发展。

三、小结

在当今这个快速发展的时代，数智化技术的最新发展趋势为传统制造业带来了前所未有的变革机遇。随着 5G、区块链等新兴技术的出现和应用，它们与制造业的深度融合，不仅显著提升了生产效率和质量水平，还为企业带来了更加广阔的市场空间和发展潜力。这些技术的集成应用，使生产过程更加高效、精准，同时降低了成本，提高了资源利用率。同时，人工智能技术正向更高层次的自主决策发展，这将极大地推动制造业实现更加精细化和智能化的生产管理。通过机器学习和大数据分析，生产系统能够自我优化，预测维护需求，减少停机时间，从而提高整体的生产效率和响应速度。智能化的生产管理还意味着能够更好地满足个性化和定制化的需求，为消费者提供更加多样化的产品选择。未来，随着数智化技术的不断演进和创新应用，传统制造业将迎来更加美好的发展前景。智能制造、绿色制造将成为行业的新标准，而那些能够及时适应并采纳这些新技术的企业，将获得竞争优势，走在行业前列。数智化技术不仅会改变制造业的生产方式，还将重塑整个产业链，从设计、制造到销售和服务，每一个环节都将变得更加高效、灵活和可持续。因此，对于传统制造业而言，拥抱数智化技术的变革，不仅是挑战，更是转型升级、实现长远发展的关键。

第二节 传统制造业绿色转型的长期目标

一、实现全产业链绿色化与智能化

在 21 世纪的今天，全球气候变化与环境污染问题日益严峻，传统制造业作为国民经济的重要支柱，其转型升级已迫在眉睫。特别是在数智化浪潮的推动下，实现全产业链的绿色化与智能化已成为传统制造业绿色转型的长期核心目标。这一目标不仅关乎企业的可持续发展，更是对全球环境保护责任的积极回应。随着科技的不断进步和全球环保意识的提升，传统制造业正面临着前所未有的挑战与机遇。为了适应这一变化，企业必须采取创新的策略和方法，以确保在激烈的市场竞争中保持竞争力。

此外，传统制造业的绿色转型还需要政府的政策支持和引导。政府可以通过制定相应的法律法规，鼓励企业进行绿色技术的创新和应用，同时对那些在环境保护方面做出突出贡献的企业给予奖励和优惠政策。通过这些措施，可以有效地推动整个行业的绿色转型进程。在实现全产业链绿色化与智能化的过程中，企业还需要注重员工的培训和教育，提升他们的环保意识和技能水平。只有当每个员工都意识到环境保护的重要性，并在日常工作中积极实践，企业才能真正实现绿色转型的目标。

（一）绿色设计与材料创新

全产业链绿色化的起点在于绿色设计。企业应从产品设计之初就融入环保理念，采用生命周期评估方法，确保产品从原材料采集、生产制造、使用到废弃处理的整个生命周期内，对环境的影响降至最低。这不仅包括减少温室气体排放，还包括节约能源、减少水资源的消耗以及降低对生态系统的负面影响。同时，积极研发和应用环保材料，替代传统的高污染、高能耗材料，如采用生物降解塑料、再生金属等，以减少对自然资源的依赖和对环境的破坏。此外，企业还应考虑产品的可回收性，设计易于拆卸和回收利用的产品结构，从而延长产品的使用寿命，减少废弃物的产生。通过这些措施，企业不仅能提升自身的环境绩效，还能满足消费者对绿色产品日益增长的需求，进而推动整个产业链向更加可持续的方向发展。

（二）智能制造与节能减排

智能制造不仅被视为实现全产业链绿色化的关键路径，而且它还代表着未来制造业的发展趋势。通过引入物联网、大数据、人工智能等先进技术，能够对生产流程进行深度优化，显著提高生产效率，同时有效减少资源的浪费。例如，利用智能传感器实时监测生产设备的能耗和排放情况，可以及时调整生产参数，从而实现精准节能。此外，通过构建智能制造系统，能够实现生产过程的自动化、数字化和智能化，减少人工干预，降低人为因素导致的能耗和排放增加。智能制造技术的应用，不仅提升了产品的质量和生产效率，还为环境保护和可持续发展提供了有力支持。

（三）供应链协同与绿色物流

为了实现全产业链的绿色化，除了关注自身生产过程的环保，还必须重视供应链的协同管理。企业需要与供应链上下游的合作伙伴，包括供应商、分销商等，加强沟通与合作，共同制定一套绿色供应链管理的标准和流程。通过这种方式，可以确保从原材料采购到产品最终交付给消费者的每一个环节都符合绿色发展的要求，从而推动整个供应链的绿色转型。在物流环节，企业应当采取多种措施以减少对环境的影响。首先，使用可回收或生物降解的绿色包装材料，替代传统的塑料包装，以减少环境污染。其次，通过优化物流路线设计，减少不必要的运输距离和时间，从而降低运输过程中的能耗和排放。最后，积极采用新能源车辆进行货物运输，如电动货车或太阳能驱动的运输工具，这些措施能够显著降低碳排放，减少对化石燃料的依赖。

(四)循环利用与废弃物管理

为了实现全产业链的绿色化转型,除了需要注重循环利用和废弃物管理,还应采取一系列切实可行的措施。企业必须建立一个全面的废弃物回收和处理体系,确保生产过程中产生的各种废弃物能够得到有效的分类、回收和再利用。这不仅有助于减少资源的浪费,还能显著降低对环境的负面影响。对于那些无法通过现有技术进行再利用的废弃物,企业应采取科学合理的处理方法,以确保最大限度地减少对环境的污染。例如,通过先进的焚烧技术将废弃物转化为能量,或者利用生物降解技术处理有机废弃物,从而实现废弃物的无害化处理。

同时,企业还应积极探索废弃物的资源化利用途径,将废弃物转化为新的资源,实现资源的循环利用。例如,工业废渣可以经过特殊处理后,作为原料用于生产新型建筑材料,这样既解决了废弃物的处理问题,又为建筑材料行业提供了新的原料来源,实现了双赢。此外,企业还应加强与政府、科研机构和环保组织的合作,共同研发新技术、新工艺,推动全产业链绿色化的发展。通过政策引导和技术创新,促进废弃物处理和资源化利用的标准化、规范化,从而为实现全产业链的可持续发展奠定坚实的基础。

二、推动制造业向可持续、低碳方向发展

在推动传统制造业向可持续、低碳方向发展的过程中,企业需从技术创新、政策支持、市场需求等多个方面入手,形成合力,共同推动行业的转型升级。

首先,技术创新是实现制造业可持续发展的核心驱动力。通过研发和应用先进的环保技术,企业能够降低生产过程中的能源消耗和废弃物排放,提高资源利用效率。例如,采用智能制造技术可以优化生产流程,减少不必要的材料浪费,同时提高产品质量和生产效率。

其次，政策支持对于引导和激励企业转型至关重要。政府可以通过制定相应的法律法规，为低碳技术的研发和应用提供资金支持和税收优惠，从而降低企业转型的成本和风险。此外，政府还可以通过建立绿色采购制度，优先采购符合低碳标准的产品，以此来刺激市场需求，推动企业向低碳生产模式转变。

最后，市场需求是推动制造业转型升级的另一个重要因素。随着消费者环保意识的增强，越来越多的消费者倾向于选择环保、可持续的产品。企业需要敏锐捕捉市场变化，通过市场调研了解消费者的需求和偏好，及时调整产品设计和生产策略，以满足市场对绿色产品的需求。同时，企业还可以通过品牌宣传和市场营销活动，提升自身在环保领域的品牌形象，吸引更多的消费者。

（一）加强技术创新与研发

技术创新在推动制造业实现可持续发展和低碳转型方面扮演着至关重要的角色。企业不仅需要增加对研发的投资力度，更应该专注于那些能够实现节能减排、促进资源循环利用的关键技术领域。通过这些努力，企业能够开发出具有自主知识产权的核心技术和产品，从而在激烈的市场竞争中占据有利地位。此外，企业还应积极寻求与科研机构、高等院校等合作伙伴的深度合作，通过建立产学研用协同创新的机制，共同推动科研成果的快速转化和广泛应用。这种合作模式不仅能加速新技术的商业化进程，还能促进知识的共享和技术的共同进步，最终实现整个制造业的绿色、高效和可持续发展。

（二）完善政策引导与支持

政府在推动制造业绿色转型中发挥着不可替代的作用。为了实现这一目标，政府应当制定并实施一系列具有前瞻性的政策措施。这些措施包括但不限于提供税收优惠、资金补贴等激励机制，以此鼓励企业积极采用绿色技术、实施绿色改造，从而减少生产过程中的能源消耗和污染物排放。

此外，政府还应建立健全的绿色标准体系，确保制造业在转型过程中遵循环保和可持续发展的原则。同时，政府需要加强监管，对那些仍然不符合环保要求的企业进行严格的整治，甚至淘汰，确保市场中只留下符合绿色标准的优质企业。通过这些措施，政府能够促进制造业的绿色转型，同时形成一个有效的市场退出机制，确保那些无法适应绿色转型要求的企业能够有序退出市场，为环境友好型企业的成长腾出空间。

（三）激发市场需求与消费

市场需求是推动制造业绿色转型的重要动力。随着全球环境问题的日益严峻，消费者对环保产品的需求日益增长，这不仅为制造业带来了新的挑战，同时也提供了新的发展机遇。企业应积极宣传绿色产品的环保优势，通过各种渠道，如广告、社交媒体、产品包装等，向消费者传递绿色消费的理念，提高消费者对绿色产品的认知度和接受度。同时，企业还需要通过改进产品设计、提高产品性能、使用环保材料等方式，不断满足消费者对绿色产品的多样化需求，以提升产品的市场竞争力。

此外，政府和社会各界也应加强对绿色消费的引导和宣传，通过制定相关政策、举办绿色消费活动、提供绿色消费指南等措施，鼓励消费者选择环保产品，形成全社会共同参与绿色消费的良好氛围。教育机构和媒体也应发挥作用，普及绿色消费知识，提高公众的环保意识。只有当消费者、企业和政府三方共同努力，才能有效推动制造业的绿色转型，实现可持续发展的目标。

（四）构建绿色金融体系

在当前全球环境问题日益严峻的背景下，绿色金融体系的构建显得尤为重要，它对于推动制造业的绿色转型具有不可估量的积极影响。金融机构作为资金的提供者，应当积极创新绿色金融产品和服务，如开发绿色信贷、绿色债券等金融工具，这些工具不仅能为企业的绿色改造和绿色发展提供必要的资金支持，还能引导资金流向那些对环境影响较小的项目。此外,金融机构还应加强对绿色项目的评估和筛选工作,确保所投入的资金能够真正用于符合环保要求的项目上,从而在促进企业经济效益增长的同时,也实现了生态环境保护的目标,达到经济效益和生态效益的双赢局面。

第三节 数智化与绿色转型的深度融合与未来机遇

在全球工业 4.0 浪潮的推动下,传统制造业正经历着前所未有的变革。这一波技术革新浪潮,不仅带来了生产效率的飞跃,还深刻影响了整个制造业的运作模式和市场格局。其中,数智化与绿色转型作为两大核心驱动力,正逐步引领着行业向更高效、更环保、更智能的方向发展。数智化,即数字化与智能化的结合,通过引入大数据、云计算、人工智能等先进技术,使制造业能够实现生产过程的实时监控、精准控制和优化决策。而绿色转型,则强调在生产过程中减少资源消耗和环境污染,推动可持续发展,实现经济效益与环境效益的双赢。

本节将探讨数智化与绿色转型的深度融合及其所带来的未来机遇,以期为传统制造业的转型升级提供有益参考。本节将分析数智化与绿色转型如何相互促进,共同构建一个更加高效、可持续的制造业生态系统。同时,本节还将探讨在这一转型过程中可能遇到的挑战,如技术更新换代的快速性、企业内部管理的复杂性以及外部市场环境的不确定性等,并提出相应的解决策略。通过这些分析和讨论,希望能够为传统制造业的决策者提供一个清晰的转型路径,帮助他们在新的工业革命中找到自己的定位,把握住未来发展的机遇。

一、数智化技术加速绿色制造模式的普及与创新

在 21 世纪的今天,随着全球气候变化和资源环境压力的日益加剧,传统制造业正面临着前所未有的转型挑战。而数智化技术的迅猛发展,为这一转型提供了前所未有的机遇。数智化,即数字化与智能化的深度融合,正在加速绿色制造模式的普及与创新,引领着传统制造业走向更加可持续

的发展道路。

数智化技术通过大数据、云计算、物联网、人工智能等先进技术，实现了生产过程的精准控制、优化调度和高效协同。这些技术的应用，不仅显著提高了生产效率，降低了能耗和排放，还推动了绿色制造模式的快速发展。例如，通过智能传感器和物联网技术，企业可以实时监测生产过程中的能耗和排放情况，及时调整生产工艺，减少浪费；通过大数据分析和人工智能技术，企业可以对生产数据进行深度挖掘，发现潜在的节能降耗途径，优化产品设计，提升产品的环保性能。

此外，数智化技术还促进了绿色供应链的建设。企业可以通过数字化平台，实现供应商、制造商、分销商和消费者之间的信息共享和协同合作，共同推动绿色采购、绿色生产和绿色消费。这种基于数智化技术的绿色供应链，不仅可以提高供应链的透明度和可追溯性，还可以减少资源消耗和环境污染，实现经济效益和环境效益的双赢。

综上所述，在数智化技术的推动下，绿色制造模式正逐渐从理论走向实践，从个别企业的探索走向整个行业的普及。越来越多的企业开始认识到绿色制造的重要性，积极投入数智化技术的研发和应用，推动生产方式的转型升级。未来，随着数智化技术的不断发展和完善，绿色制造模式将成为传统制造业的主流趋势，为行业的可持续发展注入新的活力。

二、绿色转型为制造业带来新的市场机遇与增长点

绿色转型不仅是传统制造业应对环境压力的必要举措，更是企业实现转型升级、拓展市场空间的重要途径。随着全球消费者环保意识的提高和绿色消费理念的普及，绿色产品和服务的市场需求不断增长，为制造业提供了新的市场机遇和增长点。

（一）政策驱动下的绿色产业布局重构

全球碳中和目标正深刻影响着制造业绿色产业链。在这一目标的推动下，各国纷纷加强对碳排放的管控，促使制造业向绿色、低碳方向发展。

传统制造业的高碳排放模式面临巨大挑战，而绿色产业链则迎来了前所未有的发展机遇。企业需要重新审视自身的生产流程和供应链，加强与绿色供应商的合作，以满足全球市场对低碳产品的需求。

国内"双碳"政策与财政支持也在积极引导市场格局的变化。政府通过出台一系列政策，鼓励企业进行绿色转型，如提供财政补贴、税收优惠等。这些政策措施降低了企业绿色转型的成本，提高了企业的积极性。同时，财政支持也为绿色产业的发展提供了资金保障，促进了绿色技术的研发和应用。对比传统制造与绿色制造的成本结构，传统制造依赖于高能耗、高排放的能源和原材料，成本主要集中在生产环节；绿色制造更加注重能源效率和环境保护，通过采用清洁能源、优化生产流程等方式，降低能源消耗和环境污染。虽然绿色制造在初期可能需要较高的投资，但从长期来看，其成本优势将逐渐显现。

2024年2月，由工业和信息化部、国家发展改革委、财政部等七部门发布的《关于加快推动制造业绿色化发展的指导意见》提出了清洁能源替代路径，这使得高载能行业向可再生能源富集地区转移成为趋势。① 可再生能源富集地区具有丰富的太阳能、风能等清洁能源资源，能够为高载能行业提供稳定、廉价的能源供应。同时，这些地区也出台了一系列优惠政策，吸引高载能行业入驻，促进了当地经济的发展。

（二）低碳消费需求倒逼绿色产品创新

消费者环保意识的升级正在重塑制造业产品设计。如今，越来越多的消费者开始关注产品的环保性能，愿意为低碳、环保的产品支付更高的价格。这种消费观念的转变促使制造业企业在产品设计阶段就充分考虑环保因素，采用可持续的材料和生产工艺，减少产品在整个生命周期内的环境影响。

全生命周期环境影响评估体系的应用，为企业提供了科学的评估方法，

---

① 中国政府网.工业和信息化部等七部门关于加快推动制造业绿色化发展的指导意见［EB/OL］.（2024-04-25）［2025-04-01］.https://www.gov.cn/zhengce/zhengceku/202403/content_6935684.htm.

帮助企业更好地了解产品在各个阶段的环境影响，从而有针对性地进行改进。例如，智能家居产品通过采用节能技术、智能控制系统等，降低了能源消耗；新能源汽车则以其零排放、低噪音等优势，受到了消费者的青睐。

碳足迹标签制度的实施，进一步提升了产品的溢价能力。消费者可以通过碳足迹标签了解产品的碳排放情况，从而做出更加环保的消费选择。根据相关预测，全球绿色消费市场规模将在未来几年内持续增长，这为制造业企业带来了巨大的市场机遇。企业通过推出绿色产品，不仅可以满足消费者的需求，还可以提高产品的市场竞争力，获得更高的利润。

（三）循环经济催生新兴服务业态

资源回收利用技术的突破带来了商业模式的变革。以动力电池梯次利用为例，退役的动力电池经过检测、修复和再制造后，可以应用于储能、低速电动车等领域，实现了资源的最大化利用。废钢智能分拣技术则提高了废钢回收的效率和质量，降低了生产成本。工业互联网在逆向供应链中的应用，使得资源回收利用更加智能化、高效化。通过工业互联网平台，企业可以实时监控废旧物资的回收、运输和处理过程，提高了供应链的透明度和协同效率。

近年来，工业固废资源化率不断提升，这表明再生资源产业具有巨大的市场增长潜力。随着技术的不断进步和政策的支持，再生资源产业将迎来更加广阔的发展空间。新兴服务业态如废旧物资回收、再制造等也将应运而生，为制造业的绿色转型提供有力支持。

（四）绿色技术应用开辟产业新赛道

氢能装备制造和碳捕集技术产业化等领域蕴含着巨大的市场机会。氢能作为一种清洁能源，具有高效、无污染等优点，其装备制造产业正处于快速发展阶段。光伏制氢项目的投资不断增加，为氢能产业的发展提供了有力支撑。碳捕集技术产业化则有助于减少碳排放，实现碳中和目标。CCUS技术（碳捕集、利用与封存）的成本下降曲线表明，随着技术的不断进步和规模的扩大，碳捕集技术的成本将逐渐降低，其商业化应用前景广阔。

绿色金融工具对绿色技术商业化起到了催化作用。政府和金融机构通过提供绿色信贷、绿色债券等金融产品，为绿色技术的研发和应用提供资金支持。这些金融工具的创新，降低了企业的融资成本，提高了企业的投资积极性。

绿色技术集成应用对传统产业链的价值重构效应显著。通过将氢能装备制造、碳捕集技术等绿色技术与传统产业相结合，可以提高传统产业的能源效率和环保水平，降低生产成本，提升产品的市场竞争力。例如，在钢铁行业中应用碳捕集技术，可以减少碳排放，同时提高钢铁的质量和产量。

（五）全球碳中和竞赛中的出口红利

欧盟碳边境调节机制（CBAM）为中国制造业既带来了挑战，也带来了机遇。一方面，该机制要求进口产品缴纳碳排放税，这将增加中国制造业企业的出口成本，对一些高碳排放的产品出口造成一定的影响。另一方面，它也促使中国制造业加快绿色转型，提高产品的低碳水平，从而在国际市场上获得更大的竞争优势。

从机电产品出口数据来看，中国机电产品在国际市场上具有较强的竞争力。随着绿色工厂认证体系的不断完善，越来越多的中国制造业企业获得了绿色工厂认证，这为中国机电产品在国际市场上赢得了更好的声誉和更大的溢价空间。

在绿色贸易规则重构的背景下，中国制造业可以通过加强绿色技术研发、优化生产流程、提高产品的环保性能等方式，重塑国际竞争力。同时，中国制造业企业还可以加强与国际供应链的协同合作，共同推动全球绿色产业链的发展。例如，中国企业可以与欧盟企业合作，共同开展碳减排项目，实现互利共赢。通过参与全球碳中和竞赛，中国制造业有望在国际市场上获得更多的出口红利。

综上所述，数智化与绿色转型的深度融合为传统制造业带来了前所未有的机遇和挑战。通过数智化技术的应用和绿色转型的实施，企业可以实现生产方式的转型升级、提升品牌形象和市场竞争力、拓展市场空间和经济增长点。未来，随着数智化技术的不断发展和完善以及全球环保意识的不断提高，传统制造业将迎来更加广阔的发展前景和更加可持续的发展道路。

第四节　结论与展望

数智技术为传统制造业的绿色转型提供了新的契机与路径。通过智能化生产改造、绿色供应链管理、能源管理与节能减排等措施，传统制造业能够实现绿色发展目标。未来，随着数智技术的不断发展与创新，传统制造业的绿色转型将迎来更加广阔的发展前景。企业应加大数智技术的研发与应用力度，推动绿色转型的深入实施，为实现可持续发展目标贡献力量。

本书在探讨数智化技术推动传统制造业绿色转型的路径与策略方面取得了一定的成果，但仍存在一些不足和局限性。一方面，由于研究时间和资源的限制，本书未能涵盖所有相关的数智化技术和绿色转型实践，导致研究结论可能具有一定的片面性。另一方面，本书主要侧重于理论分析和案例探讨，缺乏大规模的实证研究来验证数智化技术对绿色转型的普遍适用性和实际效果。

针对以上不足，未来的研究可以从以下几个方面进行深化和拓展。

第一，拓宽研究范围。进一步关注不同行业、不同规模的传统制造业企业在数智化技术和绿色转型方面的实践，以更全面地揭示数智化技术对绿色转型的影响机制和路径。同时，可以将研究范围扩展到全球范围，对比分析不同国家和地区的数智化技术与绿色转型策略，为相关政策制定提供更为全面的参考。这将有助于我们理解在全球化背景下，数智化技术如何在不同文化和经济体系中发挥作用，以及这些技术如何被不同国家采纳，从而为全球绿色转型提供更具普遍性的理论和实践指导。

第二,加强实证研究。通过大规模的问卷调查、实地访谈和数据分析等方法,收集更多关于传统制造业数智化转型和绿色转型的实际数据,以更准确地评估数智化技术对绿色转型的推动作用和实际效果。此外,可以运用先进的计量经济学方法,深入探讨数智化技术与绿色转型之间的因果关系和影响机制。通过这些实证研究,可以为政策制定者和企业决策者提供更为科学的依据,帮助他们更好地理解数智化技术在绿色转型中的作用,并据此制定出更有效的策略。

第三,关注技术创新与融合发展。随着科技的不断进步,数智化技术将不断创新和发展,为传统制造业的绿色转型提供更多新的可能。未来的研究应密切关注数智化技术的最新进展,探讨其与绿色转型的深度融合模式和创新应用,以推动传统制造业向更高层次的绿色、智能、高效的方向发展。这包括研究如何将人工智能、大数据、云计算等新兴技术与传统制造业相结合,以及这些技术如何帮助企业在生产过程中实现节能减排、提高资源利用效率。

第四,重视政策与市场的互动关系。政策支持和市场引导是推动传统制造业数智化转型和绿色转型的关键因素。未来的研究可以深入探讨政府政策与企业行为之间的互动关系,分析政策激励和市场机制在推动数智化技术和绿色转型中的作用,为相关政策优化和市场体系建设提供建议。这将有助于我们理解如何通过政策设计和市场机制的优化,激发企业的创新活力,促进数智化技术的广泛应用,推动整个行业的绿色转型。

综上所述,数智化技术推动传统制造业绿色转型是一个具有广阔前景和重要意义的研究领域。未来的研究应继续深化理论探讨和实证研究,为传统制造业的可持续发展和全球经济的绿色转型做出更大的贡献。通过这些研究,可以更好地理解数智化技术在推动传统制造业绿色转型中的作用,为实现经济的可持续发展和全球环境的改善提供科学依据和实践指导。

参考文献

一、中文参考文献

（一）专著

[1] 郭树行，曾宗根，李红波. 企业架构与数字化转型规划设计教程[M]. 北京：清华大学出版社，2022.

[2] 沈平，王丹. 制造业数字化转型与供应链协同创新[M]. 北京：人民邮电出版社，2022.

[3] 王春源，王昭伟. 智能智造：数智化时路[M]. 北京：电子工业出版社，2024.

[4] 王喜文. 中国制造2025解读[M]. 北京：机械工业出版社，2015.

[5] 杨水利. "四新经济"赋能制造业转型升级[M]. 北京：经济管理出版社，2020.

（二）期刊

[1] 包晓钟. 出口技术复杂度对制造业绿色转型影响研究——基于非线性面板模型的实证分析[J]. 价格理论与实践，2024（12）：184-188.

[2] 陈丹，丁晟. 数智化转型发展、社会信用环境与绿色创新质效[J]. 统计与决策，2024，40（19）：168-173.

[3] 陈光丽，齐艳. 云南省传统制造业绿色化转型升级研究[J]. 现代工业经济和信息化，2024，14（10）：178-181.

［4］陈建兰.跨境电商SHEIN（希音）模式驱动传统制造业数字化转型的路径研究［J］.中国商论，2024，33（24）：12-15.

［5］陈茜.浅析数字经济对传统制造业转型升级的推动作用［J］.现代商业研究，2024（23）：29-31.

［6］董奎勇.传统棉纺织制造业转型升级的若干思考［J］.棉纺织技术，2025，53（1）：2-5.

［7］范帅邦，张晶格，陈雪云."双碳"目标下智能制造促进传统产业智能化绿色转型研究——以辽宁省为例［J］.产业创新研究，2023（9）：20-22.

［8］高君蕊.促进黑龙江省民营传统制造业企业数字化转型［J］.中国经贸导刊，2024（2）：86-88.

［9］高思远.数智化技术在物流绿色化转型中的应用研究［J］.物流科技，2025，48（4）：50-52.

［10］韩晶玉.数字经济赋能辽宁省制造业转型升级问题研究［J］.鞍山师范学院学报，2024，26（5）：15-19.

［11］贺佳丹.绿色金融助推浙江省制造业转型升级的探索研究［J］.现代经济信息，2020（2）：196.

［12］贾燕燕.德国"双元制"教学模式本土化的探索［J］.科技风，2019（11）：47.

［13］贾优，谢群，贠晓哲.高质量发展背景下河北制造业转型升级的困境与对策［J］.现代工业经济和信息化，2025，15（1）：4-6.

［14］江飞涛.全域兴趣电商助力传统制造业企业转型升级的案例研究：衬衫老罗［J］.科技和产业，2024，24（3）：286-289.

［15］金迈平.推动传统产业向数字化，智能化和绿色化转型升级［J］.现代国企研究，2023（12）：10-16.

［16］金智新，闫志蕊，王宏伟，等.新一代信息技术赋能煤矿装备数智化转型升级［J］.工矿自动化，2023，49（6）：19-31.

［17］李丹.用好"人才＋创新＋融合"三驾马车［J］.产城，2024（2）：20-23.

［18］李秀霞.传统制造企业财务数智化转型研究——基于肇庆市的实

践探索［J］.新会计，2025（2）：66-70.

［19］梁中，汪跃.从"双重错位锁定"到"双元解锁"——中国传统制造业绿色转型情景与政策路径［J］.社会科学研究，2022（1）：68-76.

［20］廖嘉鹏，李韩镒，周旨祥，等.数字经济赋能粤港澳大湾区传统制造业转型升级机制研究［J］.特区经济，2024（3）：40-44.

［21］刘琦.基于新旧动能转换的沧州传统制造业绿色转型路径研究［J］.中外企业家，2020（5）：109.

［22］刘熙明，熊亮，陈佳廉.工业互联网赋能制造业转型升级的实践探索——以毕节工业云平台应用为例［J］.数字化转型，2024，1（2）：57-62.

［23］刘兆赢，张宪昌.绿色金融对制造业转型升级的影响［J］.科技和产业，2025，25（4）：151-156.

［24］罗敬文，胡永铨.双元创新视角下传统制造业数字化转型机制及对ESG表现的影响研究［J］.现代商业，2025（3）：67-70.

［25］马草.数字金融推动制造业绿色转型的研究［J］.现代工业经济和信息化，2022，12（10）：131-133.

［26］孟庆强.数字经济对制造业绿色转型影响的实证检验——基于河南省的数据检验［J］.河南工程学院学报（社会科学版），2023，38（4）：19-25.

［27］牛晓叶，石影，韩冰，等.融合战略性新兴产业促进传统制造业转型升级的路径与效果研究［J］.经济师，2024（2）：10-11.

［28］秦艳，蒋海勇.新质生产力促进制造业转型升级的机理与路径——基于产业链视角［J］.企业经济，2024，43（10）：49-59.

［29］沈梓鑫.全域兴趣电商助力传统制造业企业转型升级的案例研究：东黎羊绒［J］.科技和产业，2024，24（3）：290-294.

［30］史建平."绿色+转型"金融破局传统制造业转型［J］.中国农村金融，2023（11）：16-17.

［31］宋媛媛.数字经济背景下传统制造业企业供应链风险管理研究［J］.商场现代化，2024（3）：11-13.

［32］孙涧桥，李俊，李强.数字经济赋能老工业城市传统制造业转型

升级的探索——以辽宁抚顺为例［J］.中国集体经济，2024（5）：29-32.

［33］孙雨晴.ICT技术在绿色低碳发展中的机遇与路径研究［J］.可持续发展，2024，14（12）：2894-2900.

［34］佟庆彬，王志强，董元昊.浅谈智慧建筑的数智化融合［J］.绿色建造与智能建筑，2022（10）：12-15.

［35］万双双."互联网+"背景下传统制造业营销管理转型策略研究［J］.营销界，2024（22）：86-88.

［36］王国法，张建中，刘再斌，等.煤炭绿色开发复杂巨系统数智化技术进展［J］.煤炭科学技术，2024，52（11）：1-16.

［37］魏麒.宁波传统制造业数字化转型的对策研究［J］.宁波经济（三江论坛），2024（2）：18-20.

［38］邬小霞.粤港澳大湾区传统制造业数智化转型升级路径研究［J］.现代商业，2024，（23）：156-159.

［39］吴维香，林寿富.我国制造业绿色转型及其影响因素研究［J］.福建商学院学报，2020（2）：1-11.

［40］谢昕，沈克印.以新质生产力推动我国传统体育用品制造业转型或升级的内在机制与路径选择［J］.首都体育学院学报，2024，36（5）：531-540.

［41］徐政，张姣玉.新质生产力促进制造业转型升级：价值旨向、逻辑机理与重要举措［J］.湖南师范大学社会科学学报，2024，53（2）：104-113.

［42］余东华.以数智化转型赋能制造业绿色低碳发展［J］.中国哈尔滨经济贸易洽谈会会刊，2024（3）：14-15.

［43］张航燕.全域兴趣电商助力传统制造业企业转型升级的案例研究：三只小山羊［J］.科技与产业，2024，24（3）：282-285.

［44］张虹，王红梅.传统制造业向绿色制造转型的可行性研究［J］.中外企业家，2020（7）：89.

［45］张丽丽，王峥.数字经济驱动传统制造业价值链攀升研究［J］.北京经济管理职业学院学报，2024，39（4）：11-20.

［46］张鹏伟.新质生产力赋能制造业绿色转型探析［J］.财会月刊，

2024，45（20）：116-122.

［47］张雪江，章竟．"互联网+"背景下福建传统制造业转型升级模式研究［J］．市场周刊，2022，35（12）：55-60.

［48］张艳丽，张骋宇，刘雅帆．制造业转型升级对房地产业发展的影响及应对策略研究［J］．洛阳师范学院学报，2024，43（1）：69-72.

［49］张勇，李志伟．数据驱动制造业转型升级：动力机制诠构与双层逻辑递嬗［J］．唐山师范学院学报，2025，47（1）：72-80.

［50］张优智，秦林轩，温思敏．基于CiteSpace的数字经济与传统制造业转型升级的国内研究现状分析［J］．山东电力高等专科学校学报，2024，27（5）：75-80.

［51］章君．绿色税收促进制造业绿色转型的思考［J］．西部财会，2021（11）：13-16.

［52］章雨晨．数智化转型对企业绿色创新的作用机制研究——基于A股上市公司的经验证据［J］．财经界，2024（31）：87-92.

［53］赵欢．数字经济推动制造业转型升级的路径研究［J］．中国管理信息化，2024，27（4）：96-98.

［54］赵晶，程栖云，尹曼青．融通创新如何驱动传统制造业企业高端化转型——基于价值链重构视角的案例研究［J］．南开管理评论，2024，27（9）：139-151.

［55］赵巍，廖吉林．基于SEM的江苏传统制造业绿色转型动力机制实证研究［J］．物流科技，2020，43（3）：115-118.

［56］郑慧，吴玉明，周懿．传统制造业绿色低碳转型的挑战和策略［J］．山西财经大学学报，2023，45（S2）：59-61.

［57］朱金凤．智能装备加速制造业转型升级［J］．电气时代，2024（2）：1.

［58］祝嫣然．解决传统制造业"大而不强、全而不精"问题——《关于加快传统制造业转型升级的指导意见》解读［J］．中国中小企业，2024（1）：8-9.

［59］左小明，程莹娇，彭佳丽．珠三角制造业智能化水平测度及智能化转型对策研究［J］．广东轻工职业技术学院学报，2023，22（6）：18-25.

（三）报纸

[1] 蔡承彬. 推动传统制造业向服务型制造转型 [N]. 人民日报，2021-12-14（9）.

[2] 曹雅丽. 对标新质生产力激活制造业新引擎 [N]. 中国工业报，2024-04-16（1）.

[3] 陈淦璋，梁可庭. 传统制造业如何转型升级 [N]. 湖南日报，2023-12-08（3）.

[4] 樊三彩. 温菲代表建议：加速传统制造业数智化转型 [N]. 中国冶金报，2025-03-07（2）.

[5] 冯晓萌. 从"中国制造"迈向"中国智造" [N]. 中国财经报，2022-11-17（5）.

[6] 宫祥龙. 加快传统制造业数智化与绿色化协同转型发展 [N]. 光明日报，2024-09-10（11）.

[7] 何珺. 多措并举加快传统制造业转型升级 [N]. 机电商报，2024-01-15（A1）.

[8] 何哲. 以信息增值与智能服务促进制造业转型升级 [N]. 经济参考报，2021-03-09（8）.

[9] 洪恒飞，张益晓，江耘. 搭上工业互联网快车金华传统制造业加快转型 [N]. 科技日报，2021-11-26（7）.

[10] 黄鑫. 重视传统制造业转型升级 [N]. 经济日报，2024-01-05（6）.

[11] 季晨辰，朱琳，许鹏飞. 从传统"制造"迈向智能"智造" [N]. 马鞍山日报，2022-03-01（2）.

[12] 李慈强. 加快传统制造逐绿前行 [N]. 经济日报，2024-01-09（5）.

[13] 李景. 浙江传统制造业向新而行 [N]. 经济日报，2024-06-18（8）.

[14] 李诗韵. "数智"推动传统制造业转型发展 [N]. 重庆科技报，2023-09-05（3）.

［15］刘京青.张刚代表：尽快制定传统制造业转型升级政策［N］.中国有色金属报，2024-03-12（1）.

［16］刘经纬.加快传统制造业智能化转型推动行业高质量发展［N］.中国冶金报，2025-03-12（1）.

［17］刘志斌.助力传统制造业向强品牌转型升级［N］.东莞日报，2023-03-03（A5）.

［18］秦铁汉.数实融合推动传统制造业转型升级［N］.学习时报，2025-01-10（3）.

［19］时斓娜.传统制造业破"茧"如何凝聚向"新"力？［N］.工人日报，2025-03-05（4）.

［20］苏望月.中央财政为制造业强国建设保驾护航［N］.中国财经报，2024-07-19（5）.

［21］孙永剑.传统制造业企业转型升级进入"快车道"［N］.中华工商时报，2025-01-27（4）.

［22］唐雯霖.数字赋能制造蝶变［N］.玉溪日报，2024-02-22（5）.

［23］王春棠.推动传统制造业数字化转型升级［N］.友报，2021-10-15（6）.

［24］鄢飞飞，陈明喜.数字赋能传统制造业"智造"升级［N］.南昌日报，2024-07-10（4）.

［25］杨子晏，何漪.利用AI加快传统制造业转型升级［N］.上海证券报，2025-03-12（4）.

［26］张蕊.八部门发文加快传统制造业转型升级［N］.每日经济新闻，2024-01-03（2）.

［27］朱悦.制造变"智造"：数智赋能黑龙江传统制造业转型升级［N］.新华每日电讯，2024-08-09（3）.

［28］祝嫣然.传统制造业转型升级怎么做才好［N］.第一财经日报，2024-01-02（A2）.

［29］邹晨光.数智赋能传统制造业转型升级［N］.淮北日报，2024-08-28（1）.

（四）学位论文

［1］成漫丽.技术创新对制造业绿色转型的影响及空间联动效应研究［D］.合肥：合肥工业大学，2021.

［2］胡鑫淼.绿色产业政策对传统制造业转型升级影响的研究［D］.长春：吉林大学，2022.

［3］蒋馨茹.数智赋能对制造业企业绿色转型的影响研究［D］.济南：山东财经大学，2024.

［4］李凌杰.数字经济发展对制造业绿色转型的影响研究［D］.长春：吉林大学，2023.

［5］李小奕.地方政府补贴对制造业绿色转型的激励效应研究［D］.南宁：广西大学，2022.

［6］李至柔.激励制造业转型升级的税收政策研究［D］.北京：首都经济贸易大学，2022.

［7］刘明月.大数据对我国钢铁行业绿色转型影响研究［D］.天津：天津商业大学，2021.

［8］鄢晓凤.生产性服务业集聚、信息通信技术对制造业绿色转型升级的影响研究［D］.重庆：西南大学，2021.

［9］杨晓飞.传统制造业企业绿色转型动因及绩效研究［D］.济南：山东财经大学，2023.

（五）电子资源

［1］重庆政协.市政协六届三次会议第一联组政协委员踊跃建言——以产业创新引领全面创新 加快构建现代化产业体系［EB/OL］.（2025-01-20）［2025-03-03］.http://www.cqzx.gov.cn/cqzx_content/2025-01-20/content_10762905.htm.

［2］刘朝.数智化技术助力制造业绿色发展［EB/OL］.（2023-06-19）

〔2025-03-03〕.http://www.rmlt.com.cn/2023/0619/675913.shtml.

［3］人民邮电报.新思想引领新时代改革开放·工信领域的探索与实践（一）｜以传统产业转型升级为抓手 加快发展新质生产力［EB/OL］.（2024-07-16）［2025-03-03］.https://www.cnii.com.cn/rmydb/202407/t20240716_585445.html.

［4］中国新闻网.浙江省政协委员俞小峰：进一步加强传统制造业绿色转型［EB/OL］.（2023-01-16）［2025-03-15］.https://www.zj.chinanews.com.cn/jzkzj/2023-01-16/detail-ihcispqx0271887.shtml.

二、英文参考文献

［1］HUA-YING C. Digital and intellectual transformation of animal husbandry in the context of Chinese-style modernization: Value implication, practical basis and practical approach［J］.Feed Research, 2024, 47(3): 191.

［2］YI L, XUAN Z, FENG M. The synergy degree measurement and transformation path of China's traditional manufacturing industry enabled by digital economy［J］.Mathematical Biosciences and Engineering: MBE, 2022, 19(6): 5738-5753.